21世纪高职高专会计学系列教材

企业会计实务

QIYEKUAIJISHIWU

张艳萍 著

厦门大学出版社 国家一级出版社
XIAMEN UNIVERSITY PRESS 全国百佳图书出版单位

图书在版编目(CIP)数据

企业会计实务/张艳萍著. —厦门:厦门大学出版社,2016.11
(21 世纪高职高专会计学系列教材)
ISBN 978-7-5615-6222-2

Ⅰ.①企… Ⅱ.①张… Ⅲ.①企业管理-会计-高等职业教育-教材 Ⅳ.①F275.2

中国版本图书馆 CIP 数据核字(2016)第 228923 号

出 版 人	蒋东明
责任编辑	陈丽贞
封面设计	洪祖淘
电脑制作	张雨秋
责任印制	许克华

出版发行 **厦门大学出版社**

社　　址	厦门市软件园二期望海路 39 号
邮政编码	361008
总 编 办	0592-2182177　0592-2181406(传真)
营销中心	0592-2184458　0592-2181365
网　　址	http://www.xmupress.com
邮　　箱	xmupress@126.com
印　　刷	厦门市明亮彩印有限公司

开本	787mm×1092mm　1/16
印张	11.5
字数	266 千字
印数	1～3 000 册
版次	2016 年 11 月第 1 版
印次	2016 年 11 月第 1 次印刷
定价	48.00 元

本书如有印装质量问题请直接寄承印厂调换

厦门大学出版社
微信二维码

厦门大学出版社
微博二维码

前　言

长期以来,会计实践课程一般都局限于会计核算,从建账到填制会计凭证、登记账簿、编制会计报表,从立体、交互的会计工作中抽取出线条式的核算环节,学生只学到怎样"做账",却无法胜任实际会计工作。

"企业会计实训"正是针对这一问题而开发出的一门全新实训课程,和传统会计实训课程相比,它具备以下特点:一是按会计部门的实际工作模式开展实训,将会计人员的工作分为主动式和被动式两类,按其实际发起方式,分别由业务部门推动展开和由训练者自行判断主动发起,从而让训练者在真实的工作情境中完成真实的工作任务;二是引入会计监督,训练者需要以规范的业务流程完成实际工作中会计人员需处理的各项工作,这样可以让训练者学会将会计监督与核算有机结合,处理各类经济业务;三是引入业务陷阱,针对各类业务的关键控制点,设置了各种瑕疵业务,训练者在处理过程中要及时发现问题并予以解决。

"企业会计实训"课程将会计实训从核算环节推进为全方位的工作训练,使训练者真正了解实际会计部门到底是如何工作的,并且能够熟练、规范地完成这些工作,达到顶岗训练的效果,在会计实践教学环节取得了突破性进展。这一课程从 2002 年起在我校进行了十多年的教学实践,取得了良好的教学效果,也得到了同行的普遍认可。但课程也存在一些问题,主要体现在对师资的要求较高,前期准备与课堂教学组织繁琐复杂,教师承担的业务交互工作量大,对实训过程的监控难以全面到位。深圳国泰安教育技术股份有限公司与我们合作,在对本课程进行长期跟踪的基础上,根据本课程开发出"多岗位财务综合实训"平台软件,有效地解决了本课程的上述问题,不仅进一步提升了训练效果,而且让本课程有了可复制性,为其他院校开设此课程提供了可行的解决方案。

会计实践教学教师以及会计实务工作者一直缺少一本对会计实践工作进行全面、系统梳理和总结的指导性教材,笔者撰写本书,尝试去填补这一空白。本书紧贴会计实践工作,展示会计部门的工作模式,详细解析会计工作的具体内容、规范的控制流程和业务处理方法,指导性强,直观实用,便于操作。本书既可以作为"企业会计实训"课程的业务操作指导教材,为实训中各项会计工作提供指引,也可以为从事会计实践的人员提供工作参考。

由于作者水平有限,书中难免存在错误和缺点,恳请读者批评指正。

作者
2016 年 8 月
于深圳职业技术学院

目 录

第一部分　实训要求与组织 ·· 1
  一、实训目的 ··· 1
  二、实训流程与要求 ··· 1
  三、实训条件 ··· 4
第二部分　"多岗位财务综合实训"平台软件及操作 ····················· 6
  一、系统登录 ··· 6
  二、公司 ··· 7
  三、银行 ·· 15
  四、税务局 ··· 17
第三部分　业务处理 ··· 19
  第一节　自主业务 ·· 19
    一、出纳业务 ·· 20
    二、涉税业务 ·· 29
    三、薪酬发放 ·· 33
    四、资金管理 ·· 34
  第二节　采购与付款业务 ·· 39
    一、采购与付款业务的内部控制 ······································ 39
    二、采购业务流程 ·· 40
    三、付款业务处理流程 ··· 50
  第三节　销售与收款业务 ·· 54
    一、销售与收款业务的内部控制 ······································ 54
    二、销售业务流程 ·· 55
    三、收款业务处理流程 ··· 61
  第四节　存货出入库业务 ·· 63
    一、存货出入库的内部控制 ··· 63
    二、存货出入库业务流程 ·· 64
  第五节　固定资产业务 ··· 66
    一、固定资产业务的内部控制 ·· 66
    二、固定资产业务流程 ··· 67
  第六节　费用报销业务 ··· 76

一、费用报销业务的内部控制 76
　　二、费用报销业务流程 77
　第七节　职工薪酬业务 89
　　一、职工薪酬业务的内部控制 89
　　二、职工薪酬初始资料 89
　　三、缴纳个人所得税 93
　　四、发放工资 93
　　五、社会保险费与住房公积金缴纳 94
　　六、电费、水费、房租、劳动管理费 99
　　七、工会经费和职工教育经费 104
　　八、月末职工薪酬费用计提分配与代扣款项结转 105
　第八节　期末处理 106
　　一、期末账项调整 106
　　二、结转存货出入库成本 108
　　三、结转损益、确认本期财务成果 109
　　四、对账结账 109
　　五、编制会计报表 110
　　六、会计档案整理 110
第四部分　部门资料 111
　　一、行政管理部 111
　　二、销售部 117
　　三、制造部 122
　　四、采购部 124
　　五、财务部 128
第五部分　实训公司制度汇编 155
　　一、财务部组织结构及职责说明书 155
　　二、深圳市泰安科技有限公司资金管理制度 158
　　三、深圳市泰安科技有限公司资金支付和费用报销审批暂行规定 159
　　四、深圳市泰安科技有限公司信用管理制度 165
　　五、深圳市泰安科技有限公司产品销售价格定价制度 168
　　六、深圳市泰安科技有限公司发票管理制度 168
　　七、深圳市泰安科技有限公司采购管理程序 169
　　八、深圳市泰安科技有限公司会计档案管理制度 176
　　九、深圳市泰安科技有限公司会计制度 177

第1部分 实训要求与组织

一、实训目的

本实训将学生定位于会计人员,对企业各类典型经济业务规范流程进行梳理后,以会计部为界,让学生完成该业务在会计部门中所需进行的各项处理工作,在课堂上展现真实的会计部门和会计工作。以仿真工作情境和工作任务,让学生进入真正的职业工作状态,履行会计岗位责任,得到真实的职业训练,实现上岗实训。

通过本实训,不仅让学生掌握企业各类经济业务从发起到完成的规范流程,理清会计部门与其他部门和外部单位的业务关联关系,明确会计人员在其中所要完成的工作,将业务处理和会计核算有机结合,有效实现会计的核算和监督职能,还能让学生较为系统、全面地掌握企业会计部门的运作方式、工作内容和工作方法,知道会计人员在实际工作中要做什么,怎样完成这些工作,以及完成这些工作需要的职业能力。学生通过真实的职业活动,将前期所学的相关知识、方法和技能综合运用到工作实践中,独立组织和处理企业一个会计期间的各项工作,具备更强的岗位适应能力。

二、实训流程与要求

1.实训采用分组制

学生每3~4人为一组,组成实训企业的财务部,分别担任财务经理、会计和出纳员(4人组时可增加一名会计),分工协作完成实训企业一个月的各项会计工作。各组工作进度相对独立,互不影响。

分组完成实训,有利于更好地掌握会计部门的运作方式和会计人员的相互分工协作,顺利完成实训任务。为了提高学生系统掌握整个企业会计部门各项工作的程度,在实训过程中可以定期进行岗位轮换,并加强交流。

实训企业会计部将会计岗位细分为采购与付款、销售与收款、存货、固定资产、薪酬、费用等具体岗位,但实习中每组人员有限,不必严格按此来进行工作划分。财务经理除了承担财务部门领导职责外,可以兼任完成相关会计岗位工作,但需明确界定出纳岗位同学的工作内容,不得兼任不相容职务工作。

2.以相应身份登录实训平台

学生分组后以相应身份登录"多岗位财务综合实训"平台(以下简称"综合实训"平台),通过综合"实训"平台提供的各类原始载体,收集展开会计工作所需要的各项资料。

该实训平台提供了三个工作场景:公司、银行和税务局。

(1)进入实训公司,仔细浏览阅读本岗位、本部门及其他各部门存档资料,以熟悉企业经营情况,了解工作环境,明确业务处理流程和会计核算政策,掌握初始相关数据。

(2)了解公司各银行账号性质和结算内容,进入各银行网点,熟悉银行空白单据领取、业务咨询、业务办理和回单箱服务。

(3)熟悉公司待申报税务资料,进入相关税务局,了解各项涉税业务办理。"综合实训"平台此版本中尚未设置电子报税功能,企业各项纳税申报在规定日期前至柜台直接办理。

3.根据"综合实训"平台中相关资料,完成建账

实训企业会计核算采用商品化财务软件,如用友、金蝶等完成会计核算,系统提供了用友、金蝶软件的初始化账套,学生可以恢复该账套,在此基础上进行会计核算。若采用其他会计核算软件,则学生需要根据"综合实训"平台中的相关资料、数据,自行对账套进行初始化,进行账套设置练习。若采用用友、金蝶财务软件,在学时充分的情况下,也可以让学生进行软件初始化训练,但建议学生仍采用系统提供的初始化账套进行日常账务处理,以便于系统对账务处理正误的自动评判。

在使用用友、金蝶等财务软件时,要求至少启用账务处理、往来管理、固定资产、采购管理、销售管理、存货管理、存货核算、报表管理等子系统,对工资薪酬等其他子系统的启用不作要求。

实训资料也支持手工会计核算模式,可以采用纸质记账凭证、各类账簿和会计报表进行账务处理,此时,学生需要根据"综合实训"平台相关资料建账。

由于实训中涉及的存货品种规格较多,数据处理量较大,因此,建议采用电算化会计核算模式。

4.日常经济业务处理

在"综合实训"平台中,对企业发生的各项经济业务,按规范的处理流程,完成其在会计部门中所需进行的各项处理工作,适时调用财务软件,将业务处理和会计核算有机结合,有效实现会计的核算和监督职能。

(1)业务触发

系统预设了采购与付款、销售与收款、存货出入库、固定资产、费用报销、工资薪酬、涉税业务和期末处理等业务循环的典型训练业务,按企业实际经营过程编排,按工作日展开。这些经济业务被划分成两大类:

一类是被动式业务,即由业务部门发起,需财务部门参与完成的经济业务,如采购、销售等,在"综合实训"平台中,系统根据预设的时间间隔,采用让业务人员携带相关的单证资料至财务部门,向会计人员提出办理相关业务的方式,自动触发并将业务推送给学生,学生需受理相关业务并进行相应的处理。

另一类是主动式业务,即由会计人员负责的经济业务,如现销收入存现、申报纳税、发放工资等。这类业务不是由系统触发,而是需要学生根据经营情况判断,适时发起并完

成。系统会通过设置相关业务对其进行牵制，如通过职工借款推动出纳提现等，并在关键工作时点对其进行检测，如在规定的报税截止日检查学生是否已完成纳税申报等，以对自主业务进行控制，从而保证企业各项会计工作的全面展开和顺利进行。

也就是说，学生在进入每个工作日后，一方面要被动完成系统推送业务，另一方面要根据会计部门承担的职责分工、规章制度以及企业经营、财务状况等自主判断，及时主动发起相关业务并进行相应处理，以维持财务部门的正常运营。

(2)业务处理

对被动受理以及主动发起的经济业务，根据企业相关规章制度，在"综合实训"平台，通过人机对话方式，采用规范的业务处理流程进行处理，以充分发挥会计的监督职能。同时，对业务处理过程中形成的资料和原始凭证进行整理保存。实训暂未提供纸质原始凭证，相关业务的电子原始凭证按会计凭证实际处理方式，在"综合实训"平台中，按记账凭证号设置子目录保存。

需要注意的是，针对各类业务的关键控制点，系统预设了多项业务陷阱，即不符合相关管理制度，存在一定问题的经济业务，例如无请购计划和请购单的采购业务、超过了信用额度的赊销业务、违返规定的报销业务、缺少单据联次的结算业务等。这些经济业务需要学生在处理过程中及时发现问题，并作出相应处理，以强化学生对会计岗位工作内容及职责的认识。

同时，在实训中还预设了资金陷阱。企业在经营中存在流动资金缺口问题，如果不及时发现并解决，会面临资金不足、业务受阻的窘境。因此，在训练中，学生必须自主监控企业财务状况，根据需要进行资金管理及调配，在必要时采用适当的筹资方式，及时筹集资金，才能顺利完成各项实训任务，从而提高学生解决各种实际问题的能力。

(3)会计核算

①根据规范的业务处理流程，在业务处理过程中或完成后，适时调用软件，在财务软件中通过相关操作完成业务的管理与会计核算。

②采用相关财务软件配套凭证打印纸，打印输出前5笔经济业务的记账凭证，以掌握财务软件凭证、账簿的套打方式，以及熟悉票据(针式)打印机的安装、使用和简单维护方法。

5.期末处理

根据实训企业的实际情况，自主分析本企业需要进行的各项期末处理工作，并通过财务软件的相关操作，对日常业务归集的会计数据进行再加工。

一般而言，企业期末处理的主要工作步骤和工作内容包括：

(1)在固定资产系统计提并分配本期折旧费用。

(2)进行工资薪酬及附加费的计算处理，分配工资及附加费，结转代扣款项。

(3)在总账系统中根据权责发生制对相关收入和费用进行调整。

(4)在总账及应收、应付系统中进行期末汇率调整。

(5)在存货核算系统中对货到单未到的存货暂估入库，结转入库材料成本和发出材料成本。

(6)进行成本核算，计算本期完工产品成本。

(7)在存货核算系统中结转本期入库产品成本和本期出库产品成本。

(8)填写增值税、营业税等相关税费的纳税申报表,在总账系统中计提相关税费。

(9)在总账及相关资产管理子系统中计提各项资产减值损失。

(10)在总账系统进行期末损益结转、所得税计提、利润分配。

(11)在各系统中进行对账,核对银行日记账和银行对账单,编制银行存款余额调节表。

(12)按一定顺序对各子系统进行结账。

(13)在会计报表子系统中设置并生成资产负债表、利润表(本实训资料未提供足够数据,不要求编制现金流量表)。

三、实训条件

1.实训环境

实训室应满足电算化会计实训或手工与电算一体化的综合会计实训的要求。

会计实训室在配置时应考虑到仿真会计工作环境及满足必要的教学功能。因此,实训室可以按照企业内部会计部门的格局和岗位来布置,并设置关联的外部企业和部门,模拟工作场景,营造工作氛围。

2.软件、硬件配备

为了满足必要的教学需要,实训室内应配备以下软硬件:

(1)多媒体教学设备,配置在教师教学区,包括教师使用的电脑、液晶投影仪、VCD、功放机、投影屏幕、书写白板等。

(2)学生实训工作区,按企业会计部门形式布置,设有多个工作组,每个工作组有3到4个工作位,每个工作位配备一台电脑,并适量配备票据打印机和凭证装订机。

(3)教师用的电脑及学生用的电脑连成局域网并可连接互联网,安装"综合实训"平台软件和必要的财务软件。

(4)实训耗材,主要包括:从用友、金蝶公司购入的凭证、账簿套打纸、窄行及宽行打印纸。

3.师资要求

本实训综合性强,对师资要求较高。学校应配备专门的指导老师,指导教师应具有"双师"资格或素质,具备扎实的专业知识和丰富的实践工作经验,熟悉财务软件操作,从而对实训过程进行监控和指导。

4.学生要求

本实训是将学生在前期课程中学习和掌握的知识、方法和技能,综合运用于实际工作的训练,因此,参加本实训的学生,应为学习完"基础会计"、"财务会计"、"成本会计"、"财务管理"、"税法实务"、"财务软件应用"、"会计实训"等全部专业课程,具备一定的会计专业知识,能够熟练使用会计软件,并经过校外的专业实习和校内前期课程的实训,对会计工作有一定的感性经验的会计专业学生。具体而言,他们应具备以下能力:

(1)能够根据原始凭证独立编制各项经济业务的会计分录;

(2)具备基本的手工会计操作技能,掌握会计核算流程,能够熟练进行相关会计凭证、账簿、报表的填制、整理、装订等;

　　(3)能够熟练操作会计软件,独立进行会计软件的初始化、日常各项会计核算以及期末处理的各项操作;

　　(4)具备基本的职业判断能力,有一定的掌握全盘账务的能力,能够在指导下完成企业期末处理工作;

　　(5)具备基本的财务管理和分析能力,能够进行简单的决策,解决企业基本财务问题;

　　(6)具备相关税务知识,能够独立进行纳税申报和相关账务处理。

　　5.完成本实训约需100至120学时

第2部分 "多岗位财务综合实训"平台软件及操作

"多岗位财务综合实训"平台由深圳国泰安教育技术股份有限公司设计开发,该平台将学生置于会计工作情境中,按企业财务部门的实际运作方式,采用规范的流程处理各类经济业务,同时通过商品化财务软件如用友、金蝶等完成会计核算,展开实际会计工作。

"综合实训"平台分成教师端和学生端两部分,其中教师端提供给任课教师,用以完成对实训课程的管理和控制,主要包括对实训教师和实训班级的管理、按班级分组创建实训、实训过程监控、成绩管理等。

学生端提供给学生,通过以下操作展开各项会计工作。

一、系统登录

实训中每组学生组成一个实训企业的财务部,分别担任财务经理、会计和出纳,其中财务经理和出纳只设一人,会计岗位可设多人。学生首次进入"综合实训"平台学生端时,需选择实训公司(组别)和岗位,如图 2-1 所示,经过实训教师确认并开始实训后,不能更改。

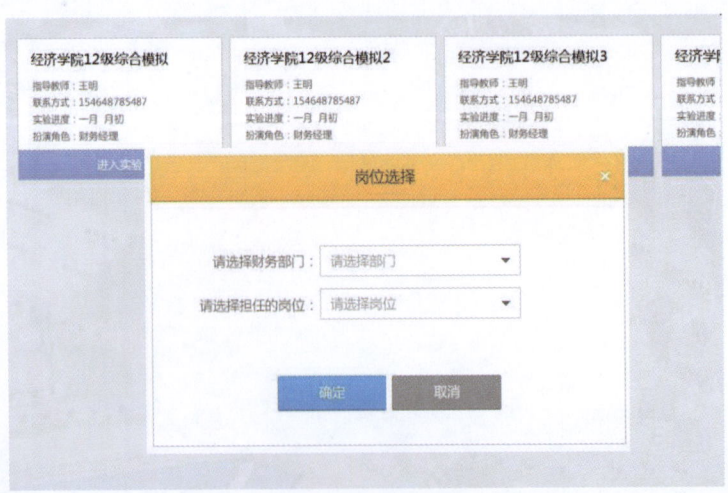

图 2-1 用户登记

学生再次以确定身份登录,其身份信息会在实训中显示于屏幕左上角。开始实训时首先进入工业园区,学生可以在三个场景进行工作:公司、银行和税务局,如图 2-2 所示。

图 2-2　工业园区

二、公司

在工业园区界面,点击"公司"建筑图标,进入公司内部,可以看到公司的各部门及其 3D 模拟分布情况,如图 2-3 所示,点击各部门图标可以进入该部门。

图 2-3　公司内部部门分布

(一) 其他部门

学生可以进入财务部以外的其他部门,从其他部门获取企业相关信息资料,以及办理相关业务。

各部门均设有资料夹,存有该部门相关的文件资料和其负责保管的证照物资等。这些资料为学生提供了完整、充分的企业背景资料,为其后各项工作的开展提供必要的支撑。进入各相关部门后可以通过点击资料夹的资料类别页签查阅,各部门主要存档资料如表 2-1 所示。

表 2-1 各部门主要存档资料

部门	资料
行政管理部	企业资质证照、公司公章、企业架构、职员档案、部门合同
采购部	采购合同、合格供应商目录、原材料请购计划表、采购管理规章
销售部	销售合同、销售定价政策及产品销售价格、信用管理制度及客户信用额度、客户档案、销售计划
生产部	生产计划、产品物料清单、生产工时记录

各个部门的存档资料会随着业务进程同步更新。

一般来讲,财务部门需要去其他部门办理的业务事项并不复杂,在实训中主要有两类:

一是需要用到其他部门负责保管的相关资料,例如出纳员去银行开设企业账户,需要提供企业营业执照、税务登记证等资质文件;办理银行承兑汇票,需要提供商品采购合同。这些资料由相关部门保管,学生可以进入相关部门,在资料查阅界面,点击【借出资质】按钮,如图 2-4 所示,即可将该资料从保管部门借出,并放入"公文包",携带至外部单位办理相关业务。使用完毕后,再次进入该部门,在资料查阅界面,点击【归还资质】按钮,将使用完毕的资料归还其保管部门。

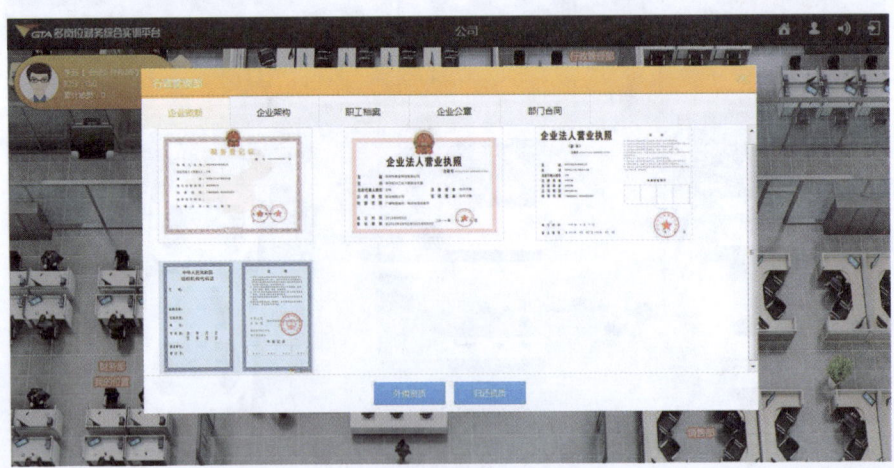

图 2-4 借出和归还部门资料

二是需要其他部门协助处理单据资料,如和银行签署承兑协议时需要到行政管理部门加盖公司公章,学生可以进入行政管理部,在资料查阅窗口"企业公章"界面,点击【盖章】按钮加盖印章,并根据系统提示查看印章使用登记。

(二)本部门

财务部为每位学生设置一个办公桌,在公司内部界面点击财务部"我的位置"图标,进入"我的工作台"界面,如图2-5所示,在该界面点击【返回公司】按钮返回公司内部界面。

图2-5 我的工作台

工作台按办公环境,模拟会计人员在实际工作中的各种动作,通过人机对话,完成各项工作,可分为以下5个操作区:

1.工作台左上角信息提示区。显示当前操作员的登录身份信息、当前的工作日期及当前排队待处理的待办业务数量信息。

财务经理点击当前工作日期下的【开始新一天】按钮,可以结束当前工作日,切换到下一工作日,但当前工作日尚有未处理完业务时不允许切换。

点击【待办业务】按钮,系统弹出当前排队业务列表,包括本岗位已受理但暂未处理完的待办业务,以及系统首次推送尚未被任何岗位受理的被动业务。在待办业务列表中点击业务栏后的【马上办理】按钮,可以对业务进行后继处理。

被动业务系统首次推送时,会同时出现在财务经理和会计1、会计2的待办业务列表中,三人均可选择受理该业务,该业务一旦被某一岗位选择受理,会从其他岗位待办业务列表消失,并不允许更改处理人员。若财务经理选择受理了该业务,他既要作为会计人员承担该业务的核算和监督职责,也要作为财务部门的领导履行相应的业务审签职责。因此,学生应根据岗位分工和业务类型,慎重选择业务受理。

2.工作台左侧资料区。财务经理及会计岗位的资料区设有"部门资料"夹、"会计档案"和"票据夹",出纳岗位的资料区设有"部门资料"和"留存单据"夹。

(1)"部门资料"夹。存放财务部门相关资料文件,如表2-2所示。

表2-2 "部门资料"夹相关资料文件

部门		资料
财务部	备查文件	销售价格、客户信用额度表、通讯费标准审核备案表、科目余额表
	制度汇编	财务部组织机构及职责说明书、资金管理制度、资金支付和费用报销管理制度、采购管理制度、销售价格管理制度、发票管理制度、印章管理制度、信用管理制度、会计核算制度

在"部门资料"夹中存放的各类资料学生只能查看。在工作台界面点击"部门资料"图标,可以打开部门资料,单击"制度汇编"或"备查文件"页签切换资料类别,单击资料名称,打开相关资料查阅。

(2)"会计档案"夹。用以存放在会计工作中涉及的各类单证资料,包括但不限于会计档案资料。

在工作台界面点击"会计档案"图标,可以打开"会计档案"夹,如图2-6所示。

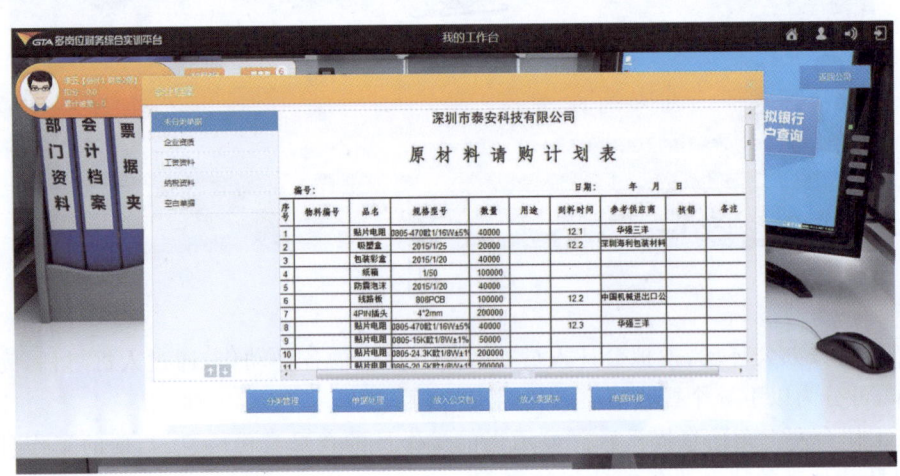

图2-6 "会计档案"夹

①共有资料。每个岗位的"会计档案"夹中,系统都预设"空白单据"子文件夹,存放了财务部门用于内部会计控制的各种空白单据,主要包括:费用报销单、借款单、差旅费报销单、资金调拨单、付款通知书、公司便笺纸等。

实际工作中这些单据大部分有通用格式,可以从市场上购买,也有企业根据自身的经营和流程特点,自行设计印制;部分较具企业个性化特点的单据需由企业印制。

②会计1岗位个性资料。会计1岗位的"会计档案"夹中,预设了以下子文件夹,分别存放了以下资料:

企业资质:由财务部门负责保管的企业资质文件,包括国税登记证、地税登记证、发票领购验销登记簿、金穗IC卡等。

工资资料：上月企业各项工资资料，包括工资发放表、职工保险明细资料、职工住房公积金明细资料，其中工资发放表可取出用于本月工资发放，其他资料是本月缴付各项工资附加费和代扣款项，以及月末计提工资附加费和结转代扣款项的依据。

纳税资料：根据上月数据填列的各项纳税申报表，提供上月应纳增值税、营业税、城建税和教育费附加、个人所得税等各项纳税数据，并可取出用于本月相关税款的申报。

未归类资料：存放本月原材料请购计划表，可用于本月采购业务的核销。

（3）票据夹。系统默认会计1为公司商业汇票保管人，在其岗位的"票据夹"中，存放了期初应收、应付票据。

（4）"留存单据"夹。根据出纳岗位的特点和需求，为其设置了"留存单据"夹，用于存放出纳工作中需保存的各类单证资料，系统初始时预设了"空白单据"和"未归档票据"两个子文件夹，其中"空白单据"夹中除了公司空白单据外，还可存放出纳员从银行取回的各类空白单据；"未归档票据"夹中存放了一份银行授信合同和支票登记簿。

（5）"会计档案"（"留存票据"）夹。对存放在"会计档案"（"留存票据"）夹中的各类单据资料，学生除了查阅外，还可以通过该界面下方的按钮进行以下操作：

①【类别管理】。用于在系统预设类别外，增、改、删资料类别。

具体操作方法为：单击【类别管理】按钮，系统弹出类别设置对话框如图2-7所示：

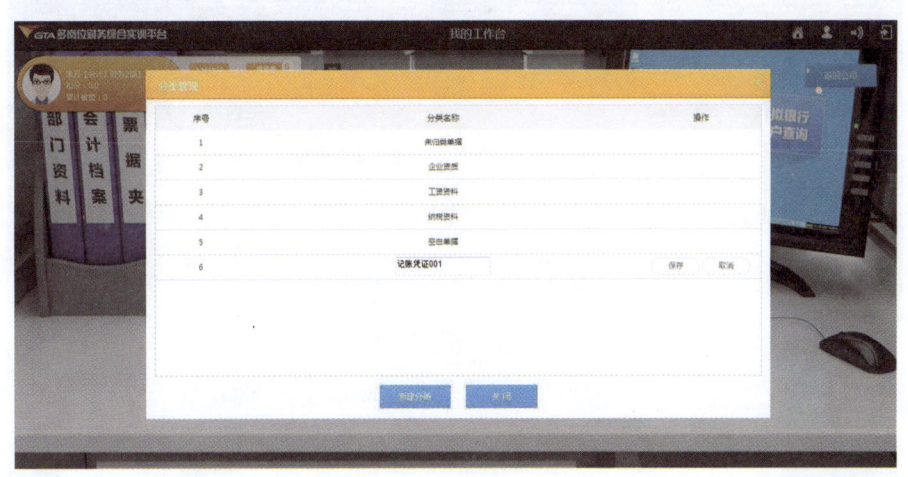

图 2-7 会计档案类别设置

在"分类名称"栏处输入类别名称，单击【保存】即可。

学生在工作台单据处理区，对选中的单据单击【留存单据】按钮，系统默认将其存放于"会计档案"夹，会弹出"会计档案"夹的类别列表框，让学生在已有类别中选择，从而将相关单据存放于该类别项下。

在实训过程中，学生需将在工作过程中形成的以下资料存入"会计档案"夹：

其一，各项经济业务的原始凭证。为了便于查阅，应在系统原有类别外设置"原始凭证"类别，在其下再按记账凭证号分类保存。

其二，从税务、银行等领购、取回的空白银行结算单据、支票、发票、涉税单表，以及在使用过程中作废的支票、发票等。

其三，在业务处理过程形成的其他应保存资料。

②【单据处理】。用于发起自主业务，单击【单据处理】按钮，可以激活单据处理区，进入业务处理状态，详见以下单据处理内容。

③【放入公文包】。将选中的资料放入公文包带出本部门，去其他部门、银行、税务等办理相关业务。同样，公文包中的相关资料也可以取出选择放入"会计档案"夹。

④【放入票据夹】。将选中的资料从"会计档案"夹中取出，放入"票据"夹保管。

⑤【单据转移】。将选中的单据从"会计档案"夹当前类别转移到另一类别保管。

3.工作台右侧的电脑。可以通过其查询企业各银行账户余额，以及启用财务软件进行会计核算。

4.工作台左下侧的任务提示栏。对话框区内显示前来要求办理业务的相关人员的对话，点击对话框区下的【好的】按钮，可激活工作台桌面业务处理区。

5.工作台桌面单据处理区。受理业务人员的业务请求，在"会计档案"夹页面单击【单据处理】按钮可以激活该工作区，系统弹出单据处理界面如图2-8所示。

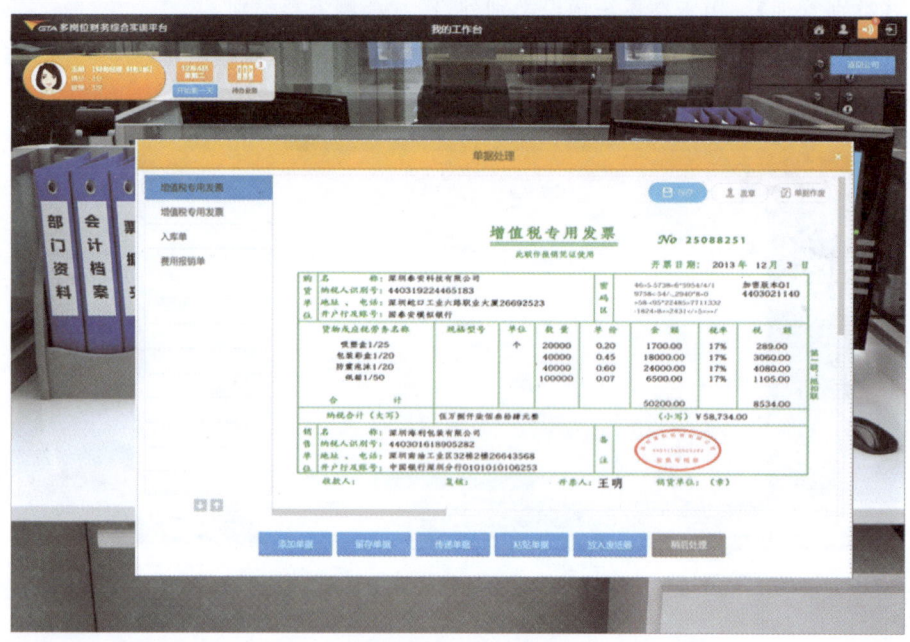

图2-8 单据处理区

各类单据是对经济业务内容和处理过程进行记录的重要载体，会计人员需要处理的单据有两个来源：一是业务人员前来办理业务时携带的相关业务已完成的单据，如某采购员前来报销单货同到的采购业务，会携带采购发票和入库单。在学生受理了业务后，这些单据会显示在单据处理区，单击单据名称页签，可以在各张单据间切换；二是会计人员根据需要，在本工作环节新增加空白单据，如上述采购业务，为了对其进行监督和控制，在报销时需增加空白"费用报销单"并对其进行后继处理。

学生在此系统按以下步骤完成对单据和按钮的直接操作：

(1)阅览相关单据资料，在单据上直接书写相应内容或签署处理意见、批注等。

(2)【保存】：保存操作人员在单据上书写的内容。

(3)【盖章】：在单据上加盖当前操作人员保管的企业印章。实训企业的公章保存在行政管理部，财务专用章保存在财务经理处，发票专用章保存在会计1处，法人代表私章保存在出纳员处。另外，出纳员还持有"现金收讫"、"现金付讫"、"银行收讫"、"银行付讫"四个戳记，可选择加盖。

(4)【单据作废】：作废当前填写错误的单据，作废的单据仍存在单据处理区，操作人员可以进一步选择将其保存到"会计档案"夹（"留存单据"），或扔进"废纸篓"。

只允许作废操作人员自行增加的单据，业务人员携带来的错误和问题单据只能传回给业务人员。

(5)【添加单据】：向单据处理区增加操作人员目前持有的各类空白单据。

(6)【留存单据】：将选中的单据放入"会计档案夹"存查。

(7)【传递单据】：将选中的单据传递给选定的接收人员。对于用于内部会计控制需经相关部门领导审批的单据，如"费用报销单"、"付款申请书"等，在完成单据填写后，单击【传递单据】按钮，会激活单据审签程序窗口，如图2-9所示。

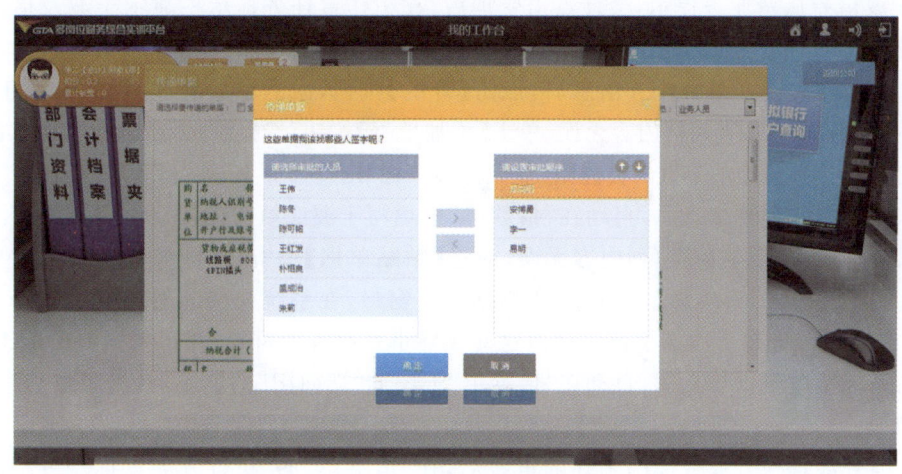

图2-9 单据审签程序

在此，学生可以从窗口左侧公司有审签权的人员名单列表中选择需对本单据审签的人员，并在窗口右侧对选中人员的签字顺序进行调整。

在实际工作中，对业务单据的审签是实现内部控制的基本方式，审签人员及顺序体现了企业对该业务进行控制所采用的方式，在各个企业会有不同，但原则上必须覆盖该业务的关键控制点，各个企业会以内部财务管理制度等方式来对其进行规范。业务单据可以由相关业务人员直接到相关领导处送审，规模较大的企业，或职位较高的审签人员，也会采用部门集中送审的方式，本实训中采用前者。

(8)【粘贴单据】：将选中的两张以上单据粘贴在一张原始凭证粘贴单上。粘贴在一起的单据以单据组的形式进行后继操作,也可以在单据组界面,通过【拆单】操作分离。

(9)【放入废纸篓】:将作废的单据放入,可以单击工作台上"废纸篓"图标,将弃入的作废单据捡回,废纸篓在每一工作日结束时会清空。

需要注意的是有些作废单据是不允许弃入"废纸篓"的,如"支票"、"发票"等,即使作废也要联次齐全,套写"作废"字样并妥善保管。

(10)【稍后处理】:将当前业务转入待办业务。

(11)"公文包":将选中的单据资料放入,以携带至其他部门或银行、税务局办理业务,同样,也可以通过公文包将从其他部门、银行、税务局取得的资料带回财务部。

(12)"保险柜":置于出纳员工作台,用于保管现金及支票等重要空白银行票据。

(三)业务处理操作案例

学生在实训中可以在"我的工作台"界面,以登录身份通过人机交互来进行相关业务的处理与核算,开展实际会计工作。

例如:"采购部员工于波预借差旅费5 000元"这一业务,在"综合实训"平台中的具体操作步骤如下:

1.此笔业务为被动式业务,由系统自动推送,在"我的工作台"界面工作业务列表中,出现于波借差旅费业务提示,会计点击受理后,在工作台任务提示栏显示于波及借5 000元差旅费的具体业务信息。

2.会计在阅读并了解业务信息后,点击【好的】按钮,激活单据处理界面,出现于波携带的"出差任务书",查阅其内容无误,单击【添加单据】按钮,选择添加"借款单",单击【传递单据】按钮,选择传递的单据及传递给"业务人员",将"出差任务书"和"借款单"传递给于波。

3.系统接收单据信息后,自动在"借款单"中填写于波应填写内容,将单据传回会计。

4.会计检查"借款单"填列内容无误,通过【粘贴单据】将"出差任务书"和"借款单"粘贴在一起,单击【传递单据】按钮,激活单据审签窗口,在系统弹出的对话框中选择"郑向阳、财务经理",告知于波该单据应经由这些领导审签后方可付款,并将单据传送给于波。

5.系统接收单据信息后,自动在"借款单"上添加"郑向阳"的签字后,将单据传送给财务经理。

6.财务经理检查业务部门领导的审签后,在"借款单"的"单位领导审批"栏内签署意见及签名,再通过【传递单据】按钮将单据传送给于波。

7.系统接收单据信息后,对需要的单据,自动添加财务总监"易明"及总经理"王伟"的签字后,将单据传送给会计。

8.会计检查单据审签手续完备,在"借款单"中"会计"栏处签名,调用财务软件,进入应收款管理系统,录入"付款单",审核制单,生成借记"其他应收款"、贷记"库存现金"的记账凭证,再通过【传递单据】按钮将单据传送给出纳。

9.出纳员接收单据,通过【传递单据】按钮将单据传送给于波,要求其在"借款单"上签收。

10.系统接收单据信息后,自动在"借款单"的"签收"栏添加"于波"签名,将单据传回出纳。

11.出纳通过【操作现金】从保险箱中点出5 000元现金,通过【支付现金】交付于波,选择【现金付讫】盖戳加盖在"借款单"上,再通过【传递单据】按钮将单据传送给会计。

12.会计接收单据:在"会计档案"夹的"原始凭证"子文件夹下,增加该业务记账凭证号,通过【留存单据】将"出差任务书"和"借款单"归入"会计档案"夹该记账凭证号下。

可以看出,在训练中,以财务部门为界,学生通过以上操作,完成实际工作中会计人员所做的各项工作,系统自动完成财务部门以外的各项工作。

学生在业务处理过程中对财务部以外人员做出的每个动作和发出的每个交互信息,系统均会判断其正确性,如学生在以上业务中添加了"借款单"以外的空白单据,未发现"借款单"中于波填写内容错误,"借款单"审签人员或顺序有误等,系统会提示"操作错误,请检查",直到该步骤处理正确为止。

系统除了控制操作错误外,还会对业务流程错误进行纠正。例如上述业务,若于波提出借款要求后,在未填写"借款单"、未履行相关审批手续、未生成记账凭证或未让于波在"借款单"上签收等情况下,出纳员就对外支付现金,系统会适时阻断业务并提示"你已违规,请检查"。业务处理过程中的错误和违规均会被自动扣分,违规扣分重于操作错误,操作人员的实时得分会显示在工作台的操作员信息栏。

学生在处理过程中需要注意的是,由业务人员提供的相关业务单据和系统自动完成的各项工作并非完全正确,对其中存在的问题要及时发现,并将具体问题和处理意见签署在相关单据上,通过【传递单据】按钮将问题单据资料退回业务人员,由业务人员负责解决业务问题,更正补充业务单据资料。

三、银行

平台提供两家银行网点,在工业园区界面,点击各银行的建筑图标,进入银行营业厅,如图 2-10 所示。

图 2-10 模拟银行营业厅

学生可在模拟银行网点办理四种业务：

1. 咨询业务

在银行营业厅界面，点击"咨询台"图标，系统弹出咨询业务对话框，从中选择需要咨询的业务种类，即可查看到该业务的办理流程、应提交的资料等信息。

另外，在咨询台上方设有一块有关利率信息的电子显示屏，显示该银行当日的存款利率、贷款利率和贴现率等利率信息。

2. 领用空白单据

在银行营业厅界面，点击"空白单据领取处"图标，系统弹出空白单据种类选择框，如图 2-11 所示。

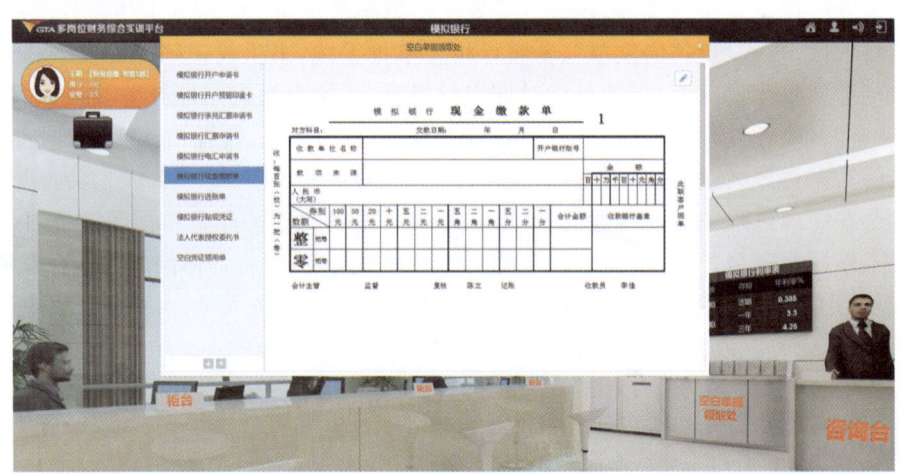

图 2-11 空白单据选择

双击空白单据名称栏，在系统弹出的对话框中输入领取数量，即可将该空白单据放入屏幕左上角的"公文包"，带回公司后，从"公文包"中取出，放入"我的工作台"的"留存单据"夹。

3. 提取回单

企业在该银行网点开立账户时，银行会分配给企业一个回单箱，提供回单箱号码和密码。在银行营业厅界面，点击"回单箱"图标，在系统弹出的对话框中输入回单箱号码和密码，即可打开该回单箱，显示箱内的业务单据，选中双击，可以将其放入屏幕左上角的"公文包"，带回公司进行后继处理。

实训中，银行会根据业务流程将企业的一些结算单据放入回单箱，出纳员在去银行办理其他业务时，应顺便开启回单箱取回业务单据，即使在访网点无业务需要办理，也应定期开启回单箱，将其中的业务单据取回及时进行账务处理。

4. 柜台业务

柜台业务是指需要出纳员直接在银行柜台办理的相关业务，在银行营业厅界面，点击"柜台"图标，系统会弹出业务类型选项框，学生根据需要在以下业务类型中选择：

(1) 开户：开立新账户。

(2) 购买空白单证：购买支票等各类银行空白凭证。

(3) 存现：缴存现金。

(4) 提取现金：用支票提取现金。

(5) 存入票据：缴存收到的支票（支票逆汇）、银行汇票、商业汇票等银行票据。

(6) 支票转账：用支票向其他单位转账（支票顺汇）。

(7) 银行汇票：申请银行汇票。

(8) 银行承兑汇票：申请银行承兑汇票。

(9) 汇款：用汇兑方式向其他单位付款。

(10) 贴现：银行承兑汇票贴现。

(11) 代发工资：委托银行代发工资。

双击选中的业务类型后，系统会根据各业务的办理流程，通过人机对话方式引导学生提交相关单据、资料，在验证无误后办理业务，退回业务回单，学生取回回单放入"公文包"，将业务回单带回公司进行后继处理。

园区的另一家工行营业网点，因其自身的经营问题，暂时不能提供柜台业务办理。

四、税务局

平台设置了国税局和地税局供企业办理各项涉税业务，在工业园区界面，点击"国税局"和"地税局"建筑图标，进入国税、地税报税大厅，如图 2-12 所示。

图 2-12　税务局报税大厅

学生可以在税务局办理以下涉税业务：

1. 咨询业务

在办税大厅界面，点击"咨询台"图标，系统弹出咨询业务对话框，从中选择需要咨询的业务种类，即可查看到该业务的办理流程、应提交的资料等信息。

2. 领用空白单据

在办税大厅界面，点击"空白单据领取处"图标，系统弹出空白单据种类选择框，双击空白单据名称栏，即可将该空白税务单表放入"公文包"，带回公司后，将其从"公文包"中取出放入"我的工作台"的"会计档案"夹。

3. 办理业务

在办税大厅界面，点击"柜台"图标，系统会弹出业务类型选项框，学生根据需要在以下业务类型中选择：

(1) 领购发票：在税务机关核定数量内领用通用机打票。选择该业务类型后，根据系统提示和引导，提交相关资料，系统验证无误后，发放发票并退回相关资料，即可将其放入"公文包"，带回公司，从"公文包"中取出放入"我的工作台"的"会计档案"夹。

(2) 申报纳税：实际工作中大多数企业已采用网上报税方式，但"综合实训"平台暂未设置电子报税功能，企业各项纳税申报仍需在规定日期前至柜台直接办理。学生在相应税局，选择需要申报的税种后，根据系统提示和引导，提交已填列好的纳税申报资料，系统在验证无误后受理。

税务机关受理纳税申报后，会通过银行从企业银行账户中扣缴税款，扣缴成功后银行将扣款通知加盖"转讫"章后，投入企业回单箱。

第3部分 业务处理

为了保障经营目标的顺利实现,企业会结合自身的业务特点,分析生产经营活动中可能遇到的各种风险,找出关键控制点,制订控制措施,形成规章制度,建立起企业内部控制制度。会计控制是内部控制的一个重要组成部分,这就要求会计人员对企业各类经济业务应建立起规范的处理流程,强化关键控制点的控制,将对企业经营活动的监督和会计核算有机地结合,以保障企业资产的安全完整和会计数据的准确可靠。

实际工作中,每个企业会计控制的具体方法和手段,会因其行业、规模和经营特点而有所差异,但行之有效的会计控制应覆盖各类业务的关键控制点,不相容职务分离、分级授权审批、会计系统和财产保护控制是最基本的控制措施,企业对这些控制措施的具体运用形成了各类经济业务的规范处理流程。

企业内部会计控制方法和措施会体现在公司的各项财务制度中。会计人员只有对所负责的业务深入了解,才能对需要处理的业务、事项有准确的判断。熟知本企业财务制度和经营业务,是做好会计岗位工作的基本前提,也是胜任本职工作的基本保证。因此,会计人员在进入一个新公司时,应首先熟悉各项财务制度,以此规范各类业务处理;同时,要根据前期会计档案资料及与各部门的交流沟通,掌握企业经营的相关信息,了解各部门业务情况、工作流程,以顺畅地实现与各部门的业务衔接和单据传递,顺利展开会计工作。

下面以实训公司"深圳市泰安科技有限公司"的财务制度为例,说明企业各项业务的会计处理。

第一节 自主业务

会计的工作对象是企业发生的各项经济活动,企业各类经济业务均有主管部门和业务起点,如采购业务由采购部门负责,销售业务由销售部门负责,采购和销售业务是由其主管部门发起并主导执行。而财务部门作为负责企业资金活动日常管理的部门,也有其负责的业务,这些业务需要财务部发起并主导完成,并采用有效的内部控制措施对这些业务进行控制。因此,对会计人员而言,作为会计工作对象的企业经济活动有两个来源:一是被动式业务,即由业务部门负责,财务部门在业务人员的推动下被动参与完成的经济业务;二是主动式业务,即由财务部门负责,会计人员自主发起并完成的经济业务。

在实际工作中,会计人员一方面要及时主动发起并完成相关业务,以实现财务部门的业务职能,另一方面要被动参与并完成其他部门推送的业务,以实现对这些业务的有效监督。同时,在各项业务处理过程中,与财务软件有机结合,实现对企业各类经济业务的核算和管理。

会计人员要完成的主动式业务,主要由财务部门承担的职责、规章制度以及企业经营、财务状况等决定,具体而言,一般体现在出纳业务、涉税业务、薪酬发放、资金管理等几个方面。

一、出纳业务

大多数贪污、诈骗、挪用公款等违法乱纪的行为都与货币资金有关,对货币资金实施有效的管理和控制显得尤为重要。出纳员负责企业货币资金的收付和保管,为了保证货币资金的安全完整,提高其使用效率,实训公司在《资金管理制度》中对货币资金的管理做出了规范,出纳员应据以做好以下工作:

(一)现金管理

1.严格遵守库存限额

企业的库存现金限额由开户银行根据实际需要核定。首先,企业与开户银行协商核定库存现金限额;随后,企业根据核定填报"库存现金限额申请批准书",开户银行审查后在申请批准书上填写批准限额数。库存现金限额每年核定一次。企业由于生产的发展和业务的变化,需要增加或减少库存现金限额的,可以随时向开户银行提出申请,经开户银行审查批准后再行调整。

实训公司在其《资金管理制度》中载明库存现金限额为 10 000 元,出纳员在工作中应严格遵守该限额,在现金不足时应及时提取现金备用,现金超额时应及时将超额部分送存银行。

(1)提现

企业对出纳员提取现金应有一定的控制措施,如某些企业要求出纳员填写"现金支票领用单",注明用途和金额,由财务负责人签字批准后提取现金。

实训公司财务专用章由财务经理保管,出纳员提取现金必须经由其盖章,以此来控制现金提取。提现业务的流程如图 3-1 所示。

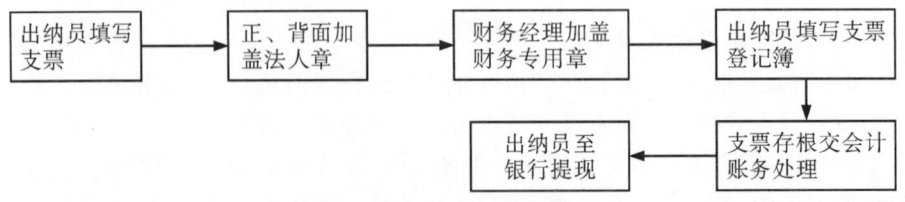

图 3-1　提现业务的流程

用于提取现金的支票填写方法如图 3-2 所示,支票背面需加盖公司预留印鉴,并填写提现人身份证号码和签名。

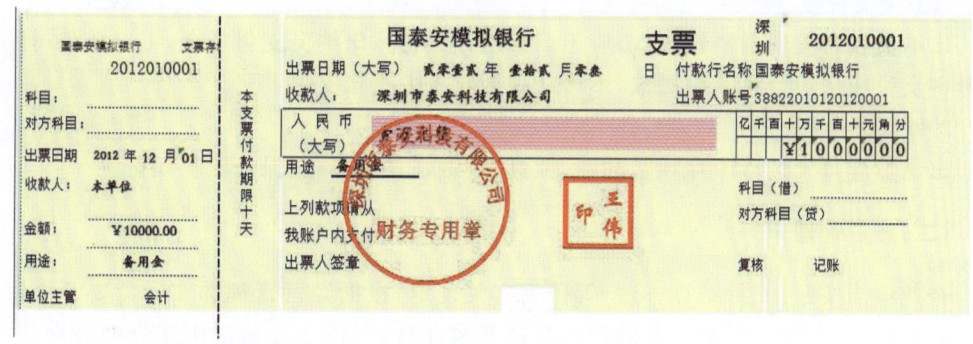

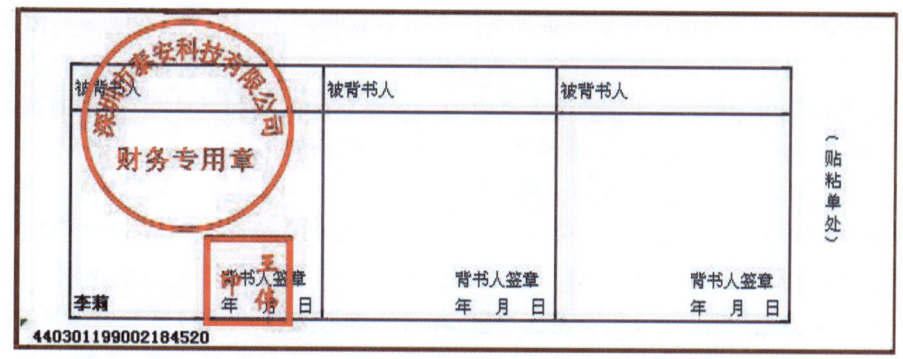

图 3-2 提现支票正、背面

提现支票收款人也可以写个人,此时支票背面不需加盖公司预留印鉴,由收款人凭身份证和签名到开户行提取。

(2)存现

出纳缴存现金时,携带现金至开户行,填写"现金缴款单",银行点收现金后返回加盖了"现金收讫"的"现金缴款单"第一联,如图 3-3 所示,取回交给会计进行账务处理。

图 3-3 现金缴款单

2.不坐支现金

出纳员收到的现金销售收入,应于当日送存银行。出纳员支付现金,可以从公司库存限额中支付或从银行存款中提取,不得从现金收入中直接支付。

3.每日清查

出纳员应每天进行库存现金的账、款盘存,做好日清月结,保证账实相符。

(二)账户管理

企业应当按照《支付结算办法》等国家有关规定,根据经营管理的实际需要开立银行账户,原则上应在便于开展业务的银行开设基本存款户,作为公司常用账户办理存款、取款和结算业务。由于向银行贷款的条件之一是具有该银行的账户,融资业务的需求也会使企业在其他银行开立结算账户。企业应严格控制银行账户的随意开立,及时清销无用账户。对仍在使用的银行账户,会计人员应明确各账户的性质和具体用途,及时调配各账户资金,既满足企业经营需求,又避免各账户过多的资金沉淀,提高资金使用效率。

1.以便于结算和融资为前提开立账户

根据实训公司期初账务资料,公司在工行和建行开立有银行账户,其中工行账户应为基本存款户,为公司常用账户;建行为信用证保证金账户,用于进口信用证业务。

出纳员接手工作时,公司并无库存现金,此时应及时提现以备日常经营所需,但进入工行网点,可以看到其由于网点建设,暂无法提供部分结算业务的公告,已无法满足企业便于结算的需求,所以需要将企业的基本存款户转入工业园区的另一银行网点——国泰安模拟银行,作为主要的结算账户使用。实际工作中,需先将工行的基本存款户变更为一般存款户,再到模拟银行办理基本存款户开户手续。实训中为了简化手续,省略了前一步。

由于公司和工商银行有长期借款及银行承兑汇票等未了业务,所以工行账户仍需继续保留。同时,需注意公司和工行签订有特种委托收款协议,在未办理相关扣款账户变更手续前,公司电费、水费、职工宿舍房租和工业区的劳动人事管理费,需要从该账户自动扣缴。

2.开户流程

公司的《资金管理制度》规定:所有账户的开立均需通过主管财务的副总经理批准。企业对需要审批的常见业务,会根据审批需要购买、印制专用审批单据,如"费用报销单"、"付款通知书"(付款申请书)、"资金调拨单"等;对没有专用审批单据的不常见审批业务,可以采用业务申请审批等方式灵活处理。

开立账户并无专用审批单据,业务经办人——出纳员可以使用公司便笺纸撰写一开户申请,列明理由和拟开户事项,交由财务总监易明审批,此为公司内部控制单据,并不是银行的开户申请。在获得财务总监审批同意后,出纳员才能到银行办理开户。开户的业务流程如图3-4所示。

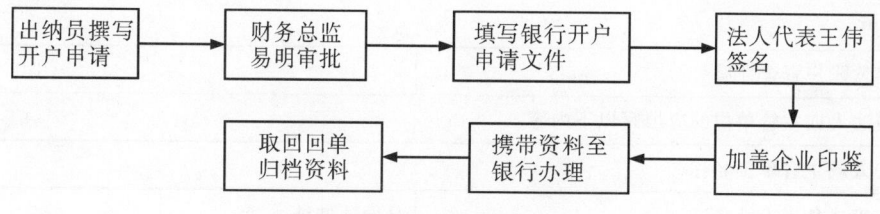

图 3-4　开户的业务流程

注意，企业印鉴保管在不同部门和人员处，至行政管理部加盖企业公章时，需填写"公章使用登记表"。

每家银行开立账户的程序会略有不同，可以咨询开户行并根据其指引办理。一般来讲，开立一般存款户需提供以下资料：

（1）营业执照正、副本原件及复印件；
（2）组织机构代码证正本原件及复印件；
（3）国税、地税登记证正本或副本原件及复印件；
（4）法定代表人、代办人员身份证或护照原件及复印件。

开立账户时，一般需填写"开户申请书"（如图 3-5 所示）、"开户预留印鉴卡"（如图 3-6 所示）和"法人代表授权委托书"（如图 3-7 所示）。

企业一般以"开户预留印鉴卡"上的财务专用章和法人代表私章作为据以办理款项支付结算的权利证明，用于加盖在银行各类支付结算凭证上，以验证企业支付结算委托是合法有效的。公章是企业法人身份的证明，用于和银行签订各类协议时使用。

银行在开户完毕后，会退回给企业开户申请文件相应的联次，开立账户不需要进行账务处理，这些回单不是原始凭证，但它们是重要的业务凭证，出纳员应将其放入"留存单据"夹，建立单独目录，妥善保管。

企业变更了基本存款户，应当自变化之日起 15 日内，向主管税务机关书面报告。

开立单位银行结算账户申请书

申请日期　2012 年 12 月 03 日

存款人名称	深圳市泰安科技有限公司	电　话	26696523
账户性质	基本存款户	邮　编	518023
地　址	深圳蛇口工业六路职业大厦	联系人	李莉
证明文件种类	营业执照	编　号	4403192475466
营业执照有效期	2001.8－2021.8	组织机构代码	224465183
存款人类别	企业	法人代表或负责人姓名	王伟
注册地地区代码	4403	身份证件种类	身份证
开户登记证核准号		身份证件号码	440301196805137711
经营范围	广播电视器材、手机及配件	注册资金（人民币）	50000000
税务登记证编号（国税）	440319224465183	税务登记证编号（地税）	440319224465183

续表

专用存款账户资金性质			
有上级法人或主管单位的应填写以下内容：			
上级法人或主管单位名称			
法人代表或负责人姓名		身份证件种类	
组织机构代码		身份证件号码	
基本存款账户开户登记核准号			
有关联企业的应填写以下内容：			
关联企业名称			
以下栏目由银行审核后填写：			
开户银行名称	国泰安模拟银行	开户银行代码	3882201
账号	38822010120120001	开户日期	2012.12.03
基本存款账户开户登记证核准号	J33110027548288	临时存款账户有效期 至 年 月 日止	
账户性质	基本存款账户（√） 专用存款账户（　）	一般存款账户（　） 临时存款账户（　）	
申请单位 （盖深圳市泰安科技有限公司印章） （签章） 2012年12月03日		主管单位意见 （签章） 年 月 日	
开户银行审核意见 （盖国泰安模拟银行业务章） （签章） 年 月 日 授权　　经办　　出纳员		人民银行审核意见 （盖中国人民银行深圳分行账户管理专用章） （签章） 年 月 日	

注：申请人在填写前请认真阅读并签署申请书背面的《单位银行结算账户管理协议》。

背面

单位银行结算账户管理协议

甲方(存款人):深圳市泰安科技有限公司
乙方(开户银行):国泰安模拟银行

根据《人民币银行结算账户管理办法》和甲方提出的申请,乙方同意为甲方开立__基本__存款账户,户名为:__深圳市泰安科技有限公司__,账号为:__38822010120120001__。为明确双方的责任,现签订协议如下:

一、甲乙双方承诺遵守《支付结算办法》、《人民币银行结算账户管理办法》、《现金管理暂行条例》等有关法律法规、规章制度办理所有支付结算业务。

二、甲方的义务:
1. 按照《人民币银行结算账户管理办法》的要求提供相关开户资料,并保证开户资料的真实、完整、合法;
2. 按规定使用银行结算账户;
3. 开户资料变更时在规定的期限内及时通知银行;
4. 按规定使用支付结算工具;
5. 按规定支付服务费用;
6. 及时与乙方核对账务;
7. 销户时应交回开户登记证、各种重要空白票据和结算凭证;
8. 按照《人民币银行结算账户管理办法》的规定及时办理开户资料的变更手续或者账户的撤消;
9. 甲方自行承担因违反人民银行的有关规定和未正确履行上述义务造成的资金损失。

三、乙方的义务:
及时准确办理支付结算业务;
依法保障甲方的资金安全;
依法为甲方的银行结算账户信息保密;
及时与甲方核对账务;
因违反上述义务给甲方造成损失的,按照人民银行有关规定及有关法律法规承担责任。

四、乙方在为甲方办理销户手续后,双方的权利义务关系解除。

五、在合同履行过程中发生争议,可以通过协商解决;协商不成的,按以下第__(一)__种方式解决:(一)向乙方所在地人民法院起诉;(二)提交_____仲裁委员会(仲裁地点为_____),按照申请仲裁时该会现行有效的仲裁规则进行仲裁。仲裁裁决是终局的,对双方均有约束力。在诉讼或仲裁期间,本协议不涉及争议部分的条款仍须履行。

六、本协议经甲方法定代表人(负责人)或授权代理人签字并加盖公章及乙方负责人或授权代理人签字并加盖公章且经人民银行核准后生效。

甲方(公章)   乙方(公章)
法定代表人(负责人)   负责人
或授权代理人(签字)王伟   或授权代理人(签字)秦奋
2012年12月03日   2012年12月03日

图 3-5 开户申请书

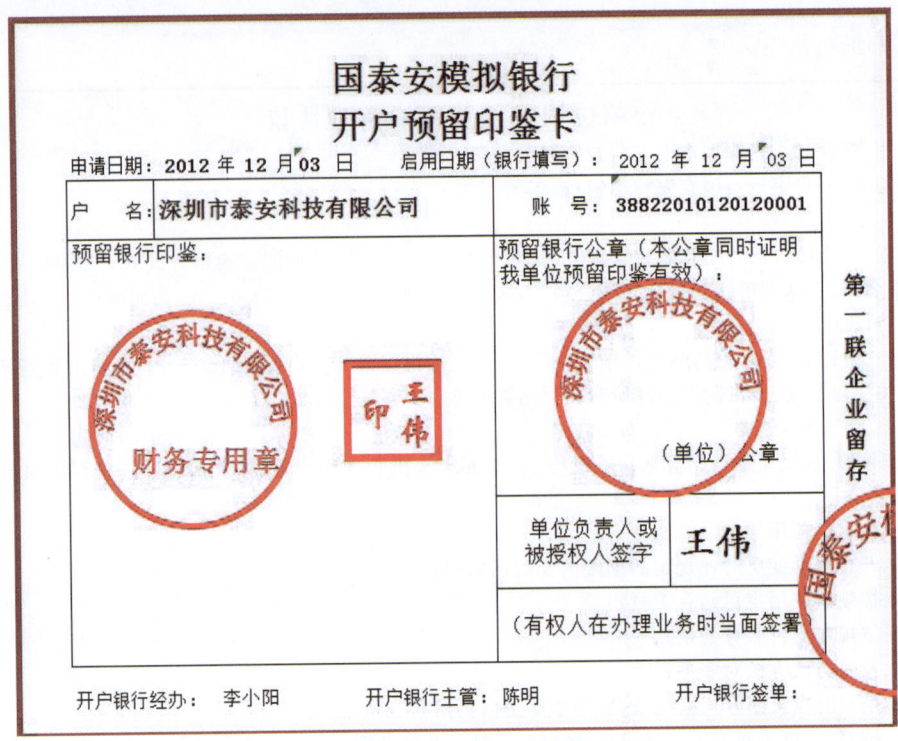

图 3-6 开户预留印鉴卡

国泰安模拟银行法人　　代表授权委托书

国泰安模拟银行　　　　：

本单位法定代表人/单位负责人　王伟　【证件种类：　身份证　证件号码：440301196805137711】，现特授权本单位　李莉　（经办人，须为申请单位人员）【证件种类：身份证证件号码：440301199002184520】

1.办理以下业务：（如无须办理业务也请在"□否"中打"√"）

　√□是　　□否　办理银行账户相关业务（包含但不限于开户、变更、销户、预留及更换印鉴卡等）

　√□是　　□否　办理银行账户网银业务

　√□是　　□否　办理银行账户增值服务等业务（包含但不限于电话银行、支付密码、通兑等）

　√□是　　□否　办理其他业务（请详细列明）

以上授权有效期至 2015 年 12 月 31 日终止。

2.授权以下人员以其个人印鉴以及我单位财务专用章（或单位公章）作为银行预留印鉴，该印鉴在贵行的所有支付凭证上的签章行为所引起的一切法律后果由我单位承担：

　　被授权人1:姓名:王伟　　　　　　　　　证件种类:身份证

　　　　证件号码:440301196805137711

被授权人2:姓名: 证件种类:
        证件号码:
被授权人3:姓名: 证件种类:
        证件号码:
备注:
3.本单位授权以下人员作为重要空白凭证有权购买人(非必填项):
被授权人1:姓名:李莉 证件种类:身份证
        证件号码:440301199002184520
被授权人2:姓名: 证件种类:
        证件号码:

本单位对上列被授权人的代理行为承担全部民事责任并自愿承担风险,如本授权委托书载明的授权事项和权限不明,被授权人的代理行为也由本单位承担。

授权单位(盖章):
法定代表人\单位负责人签章:王伟
签发日期:2012 年 12 月 03 日
附注:
1.本委托书内容需填写清楚,涂改无效;
2.如有预留印鉴组合情况,请在印鉴卡及本委托书上标注(两者应表述一致),也可单独出具印鉴授权委托书等予以说明。

图 3-7 法人代表授权委托书

3.账户日常管理

(1)及时取回回单

开户银行一般会给企业用户提供一个回单箱,用于存放银行给企业的各类业务回单,出纳员应及时开箱取回并进行后继处理。

(2)编制资金日报表

出纳员应随时掌握公司各账户的资金收付和结存情况,并以资金报表形式及时汇报给相关领导。实训公司的《资金管理制度》中明确规定:实行日报表制度,每日按银行账户名称、开户行、前日结余、本日收入、本日支出、本日结余为项目,编报"资金日报表",于当日终了前送交主管财务的副总经理。因此,出纳员应于每日编报资金日报表,如表 3-1 所示。

表 3-1 泰安科技资金日报表

2012 年 12 月 03 日 制表:李莉

开户行	账号	前日结余	本日收入	本日支出	本日结余
工商银行	40000202192000007465	2 817 274.56		500 000.00	2 317 274.56
建设银行(保证金)	004002610014284	1 015 980.00			1 015 980.00
国泰安银行	38822010120120001		500 000.00	10 020.00	489 980.00
合计		3 833 254.56	500 000.00	510 020.00	3 823 234.56

(3) 银行对账

出纳员每月及时从银行回单箱中取回对账单,与银行存款日记账核对无误后,在对单账中一联加盖企业预留印鉴交回开户行,有未达账项时需编制银行存款余额调节表。

(三) 票据单据管理

1. 及时购领

企业在银行办理各项业务时需使用到各类银行票据、单据,其中银行空白票据需要购买,其他结算单据各个银行管理办法略有不同,有些可以免费取用,有些需要付费购买。为了便于银行业务的展开,出纳员应提前到各开户行领、购各类常用的票据、单据,以备所需。

进入国泰安模拟银行可以看到免费的"单据领取处",出纳员可以根据需要选取相关空白单据如"银行进账单"、"电汇申请书"等备用,另外还需要到柜台购买空白支票。企业购买支票时需填写"空白凭证领用单",如图 3-8 所示,一式两联,银行留存的第二联上需加盖企业预留印鉴,其中"财务专用章"由财务经理保管,从而对该业务形成控制。该业务流程如图 3-9 所示。

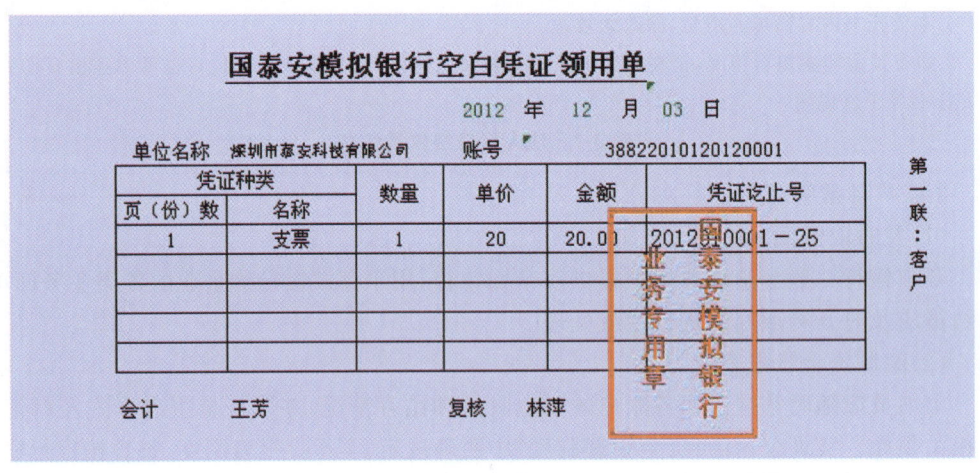

图 3-8 空白凭证领用单

出纳员报销购买支票手续费的具体方法和流程详见本书"费用报销"部分。

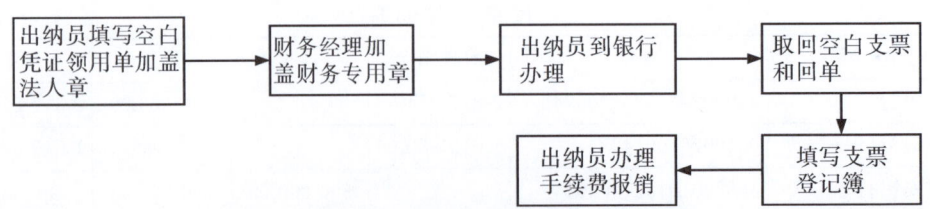

图 3-9 领购票据业务流程

2.支票登记簿

企业应加强空白银行票据的管理,明确各种票据的购买、保管、领用、背书转让、注销等环节的职责权限和处理程序,并专设登记簿进行记录,防止空白票据的遗失和被盗用。

实训公司的《资金管理制度》规定:购入的空白支票等银行票据由出纳负责保管,并需建立支票登记簿,详细记录支票的购、支情况。

支票登记簿由各个企业自行设置,其具体格式略有差异,常用支票登记簿如图 3-10 所示。

支票登记簿

开户行及账号:国泰安模拟银行 3882010120120001

购买日期	支票号	出票日期	用途	收款人	金额	经办人签收	备注
2012.12.03	2012010001	2012.12.03	提现	深圳市泰安科技有限公司	10000.00	李莉	
2012.12.03	2012010002	2012.12.04	付购货款	深圳赛格股份有限公司	125482.50	方华	
2012.12.03	2012010003						
2012.12.03	2012010004						
2012.12.03	2012010005						
2012.12.03	2012010006						
2012.12.03	2012010007						
2012.12.03	2012010008						
2012.12.03	2012010009						
2012.12.03	2012010010						
2012.12.03	2012010011						
2012.12.03	2012010012						

图 3-10 支票登记簿

购入支票时按支票号逐张登记,开具支票时根据支票内容填写该张支票使用情况,并由领用人签名。开具时应顺号使用,不得跳号开具。应注意的是:因填写、开具失误或者其他原因导致作废的支票等银行票据,应当在支票联上用红笔书写"作废"字样,连同存根保存在"留存单据"夹,不得随意丢弃或销毁。对超过法定保管期限、可以销毁的票据,在履行审核批准手续后进行销毁,并建立销毁清册,由授权人员监销。

二、涉税业务

企业的涉税业务一般由财务部门负责处理,大中型企业会专设"税务会计"这一岗位,专门负责企业涉税业务的处理和会计核算。财务部门在日常工作中应根据相关法规、制度,主动处理好以下涉税事项:

(一)领购发票

1.票种核定

企业使用发票,首先要经过税务机关的票种核定,主管税务机关根据企业经营范围、规模、申报纳税等信息,对纳税人提出的领购发票的种类、面额、数量、购票方式等进行初始核定,其中,增值税专用发票和国税通用机打发票由国税局核定,地税通用机打发票由地税局核定。

需要开具增值税专用发票、货物运输业增值税专用发票、增值税普通发票或机动车销售统一发票的企业,还需到主管国税局申请防伪税控开票系统,然后向税控装置供应商购买税控专用设备(金税盘或税控盘),再到主管税局办理专用设备初始发行手续,才能领购专用发票并通过税控系统开具。

有固定生产经营场所、财务和发票管理制度健全的企业,发票使用量较大或统一发票式样不能满足经营活动需要的,可以向省以上税务机关申请许可后,印制有本单位名称的发票。

税务会计每月应及时至国税局和地税局,根据税务机关核定的发票种类、规格和数量领取空白发票备用。在税局核定数量内的发票,企业领用时免收发票工本费,衔头发票印制费用由申请印制企业和印刷企业结算。如当月实际需要发票数量超过其票种核定的数量时,可向主管税务机关提出超限量购买发票的申请,经主管税务机关审批后,可按批准数量购买发票。

2.发票缴销

企业在领购发票前,税务机关会对其已使用的发票进行审验,审验合格后才能办理发票领购。如发现发票违章使用,会对企业进行违章登记并进行处置。

(1)国税发票

①已开具的增值税专用发票、增值税普通发票和自印企业衔头发票不需要发票验旧。

②超过有效期的空白增值税专用发票或者增值税普通发票,在防伪税控系统中将对应发票退回至IC卡。

③通用机打发票通过发票开票软件进行网上验旧,但其中红字或作废千元版、万元版通用机打发票,需持发票存根联到税局进行发票验旧。

验旧时,携带并提交"发票领用簿"和已开具发票的存根联、红字发票和作废发票。需上传、下载电子文件的,应提供存储介质。

(2)地税局办理

携带并提交以下资料至地税局办理:

①"发票领购、验销申请表"(如图3-11所示);

②已用发票存根、作废发票所有联次,红字发票存根联和被红冲的发票原件,如被红冲的发票联原件无法收回,须提供对方的有效证明;

③税务登记证副本(验原件)。

3.发票领购

根据经营业务的需要,实训公司每月可以到国税局领用"增值税专用发票"和"国税通用机打发票"(万元)各一本,到地税局领用"地税通用机打发票"(千元)各一本。

其中,去国税局需携带"发票领用簿"、税控IC卡或报税盘,以及经办人身份证明。去地税局需提供"发票领购、验销申请表"和交验税务登记证副本。

发票是企业重要的涉税凭证,也是税务机关的重要监管对象,应按公司《发票管理制度》的相关规定，妥善保管、规范使用，详见本书销售业务处理环节“开具发票”部分。

此外，税务会计还应及时从税务机关领取各种常用的空白涉税表单备用。

深圳市地方税务局

发票领购、验销申请表

纳税人识别号	4 4 0 3 1 9 2 2 4 4 6 5 1 8 3
纳税人名称	深圳市泰安科技有限公司
经办人身份证件名称、号码	王能祥 身份证 440304198509217731
联系电话	13602405218
核定变更说明（管理岗填写）	

序号	发票名称	面额	验销情况							结存数量	领购数量
			验销数量	起始号码	终止号码	填开份数	作废份数	红冲份数	填开金额		
1	通用机打	万元	1	15988401	15988425	19	1	0	5230.5	1	1
2											
3											
4											
5											
6											
7											
8											
合计											

声明	办税服务科（所）意见	管理科（所）意见
本单位（人）所填报信息及提交的资料真实、准确，如有虚假内容，愿承担法律责任。 财务负责人签名：王伟 （公章或发票专用章） 经办人签名：王能祥 2012年12月1日	科负责人： 年 月 日	经办人： 年 月 日

受理人：　　　　受理日期：　　年　月　日

图 3-11　发票领购、验销申请表

(二) 申报纳税

企业在取得税务登记证之日起一个月内要到税务机关申请税种核定，税务机关根据公司的实际经营特点和经营范围，核定企业应纳税种、税目及纳税申报期限。核定税种成功后,企业需于下月开始据以按时进行纳税申报。税务会计应熟悉企业应缴纳的各项税种、税目及其申报期限,按时申报纳税。

1. 申报税项

根据实训公司经营活动及《会计核算制度》,税务会计应按时申报缴纳以下税费:

(1) 国税局

① 增值税

公司为增值税一般纳税人,增值税率17%。每月10日前填写"增值税纳税申报表"及其附表,按月申报增值税。

申报增值税时,申请抵扣的防伪税控系统开具的增值税专用发票和货物运输发票、机动车销售统一发票,必须自该发票开具之日起180日内到税务机关认证审核后才能抵扣。如企业安装了网上认证系统,可通过软件自行进行网络认证。

② 企业所得税

公司企业所得税率为25%,按季预缴,按年汇算清缴。公司应于每季终了15日内,填报"企业所得税月(季)度预缴纳税申报表",按利润总额的25%预缴本季所得税。于纳税年度结束后5个月,填报"企业所得税年度纳税申报表",并汇算清缴,结清应交应退税款。因此,公司本月不需进行企业所得税的纳税申报。

(2) 地税局

① 营业税

公司出租房产、提供服务器托管服务等业务收入应缴纳5%的营业税,公司应于每月10日前,填报"营业税纳税申报表",按月申报纳税。

② 城建税和教育费附加

公司适用的城建税率为1%,教育费附加征收率为3%,应于每月10日前,填报"地方税收纳税综合申报表",按月申报缴纳。

③ 房产税

公司房产按房产原值70%及适用税率1.2%缴纳房产税,按年计征,分季缴纳,于每季末月的21日前,填报"房产税纳税申报表"申报缴纳。

④ 个人所得税

公司按规定代扣代缴个人所得税,应于每月15日前,填报"扣缴个人所得税报告表",按月申报缴纳。

⑤ 印花税

公司的会计账簿需缴纳印花税,其中资金账本年度内有增资的按增资数缴纳印花税,其他账本按每本5元缴纳印花税。印花税每年报一次,不得跨年度,因公司采用财务软件进行核算,因此,在12月缴纳当年印花税,按一本总账、两本日记账和五本明细账计缴。印花税无须申报,直接到税务机关购买印花粘贴,并做注销印记即可。

实训公司不考虑合同等其他印花税。

(3) 其他

① 进口商品增值税

公司进口商品应缴纳的增值税,由海关代为征收。

②公司车船使用税按规定缴纳

公司的汽车应缴纳的车船使用税,在每年购买车辆保险时,由保险公司代为征收。

2.处理流程

企业可采用网上申报方式或手工申报方式。采用手工申报方式的,可到主管税局办税服务厅领取或从网站下载申报表填写,提交到税局柜台进行申报;采用网上申报方式的,应登陆税务机关网上申报系统申报,网上申报系统一般由税务机关免费提供,网上申报受理成功后,企业仍需在当月内将符合规定的纸质申报资料报送税务机关。

目前实训平台暂不支持网上申报方式,企业需到税局柜台递交纳税申报表申报,其中增值税的纳税申报只需提供纳税申报表,省略了附表和进项发票认证环节。

为了保证公司正常、准确纳税,公司的税务会计应在每个会计期末,根据当期账务资料计算各项税费,填写相关纳税申报资料,并在下个会计期间的规定期限前进行纳税申报。需注意的是,即使当期未发生核定税种的应税业务,也需进行纳税申报。

实训平台中会计岗位的"会计档案"夹中,存放了根据公司上月经营数据填写的增值税、营业税、城建税和教育费附加、个人所得税纳税申报表,本月可以取出据以办理当月相关税种纳税申报。本月末,会计人员需根据当月经营数据,填写相关纳税申报表,以备下月纳税申报,并据以进行计提税费的账务处理。

纳税申报表一般一式两份,一份用以上报税务机关,一份用以企业留存。企业向税务机关申报的各类纸质纳税申报表,按规定应在表头单位名称处或申报中指定盖章位置加盖企业公章,并由相关责任人签名,具体按各申报表上印制要求签署,一般至少包括法定代表人和报税人。

为了对公司的纳税申报业务进行监督控制,纳税申报表上依次由税务会计、财务经理、财务总监和总经理签字确认后,才能对外进行申报。

为了保证税款正常划缴,企业应与开户银行签署委托划款协议,委托银行划缴税款,并向税务机关提供缴税账户,实训平台简化了这一步骤,默认国泰安模拟银行账号为缴税账号。

税务会计在纳税申报时,应确保缴税账号有足够的存款余额,纳税申报成功后,税务机关会将企业的应纳税信息发送给受托银行,由银行从企业的存款账户上划缴税款,并向企业开具"电子缴税付款凭证",放入企业回单箱,出纳员应及时取回交由税务会计据以编制会计分录,进行相应的账务处理。

三、薪酬发放

每个企业均有较为固定的工资发放日,工资发放工作应由财务部门负责执行,根据公司的《会计核算制度》,薪酬会计应于每月10日前完成相关的审批手续,并由出纳员发放上月工资,具体操作方法,参见本书工资薪酬业务处理部分。

四、资金管理

企业资金调度不合理、营运不畅,可能导致企业陷入财务困境或出现资金冗余。企业在生产经营过程中应加强资金营运全过程的管理,统筹协调内部各机构在生产经营过程中的资金需求,做好资金在采购、生产、销售等各环节的综合平衡,全面提升资金的营运效率。企业资金的调度与管理由财务部门负责,因此,会计人员应时刻了解公司资金状况,关注公司资金需求,组织协调资金调度,确保资金及时收付,发现异常情况,及时采取措施妥善处理,避免出现资金冗余或资金链断裂。

具体而言,实训公司在资金日常管理中应做好以下工作:

(一)资金调配

1.账户资金需求

①国泰安模拟银行账户

公司在国泰安模拟银行开立基本存款户并将其作为常用结算账户,需将原工行账户内的大部分资金转入该账户。同时,应注意该账户资金存量,在资金过剩时寻求更高的资金收益渠道,资金不足时及时进行融资。

②工商银行账户

该账户需在相应的扣款日期前,保有足够余额,以保证公司电费、水费、职工宿舍房租和工业区的劳动人事管理费的顺利扣缴,这些费用在扣款前相关单位一般会向公司发送扣款通知,在收到通知时,出纳员应查验该账户是否有足够余额,并在余额不足时及时办理转款。

同时公司负责保管应收、应付票据的会计人员,应注意各项票据的到期日,及时安排出纳员办理票据款项的收、付。例如公司持有一张应付金贝尔的银行承兑汇票将于本月20日到期,其付款账号为工行账号,在到期日前出纳员应查验该账户是否有足够余额,备足款项。

③建行账户

该账户用于进口信用证的付款,会计人员应关注相关进口业务,在信用证付款日前备足资金。

2.资金调配业务处理

(1)审批手续

企业的资金活动管控不严,可能导致资金被挪用、侵占、抽逃或遭受欺诈。对此,公司的《资金支付和费用报销暂行规定》对银行存款的支付规定中要求:公司各银行账户间资金调拨需填写内部资金调拨单,如图3-12所示,经财务经理审批,其中金额超过10万元的,需经主管财务副总经理审批。

(2)业务流程

根据公司的规章制度,资金调拨业务应遵循以下业务流程:

深圳市泰安科技有限公司内部资金调拨单

2012 年 12 月 03 日

项目	资金转入	资金转出
开户行	国泰安模拟银行	工行蛇口支行
账号	388220101120120001	40000202192000007465
金额	壹佰万元整	￥1000000.00
转账事由	基本存款户变更	转账时限 2012.12.03
经办人	财务经理	财务总监　　　　总经理
李莉	吴佳明 12.03	易明 12.03

图 3-12　资金调拨单

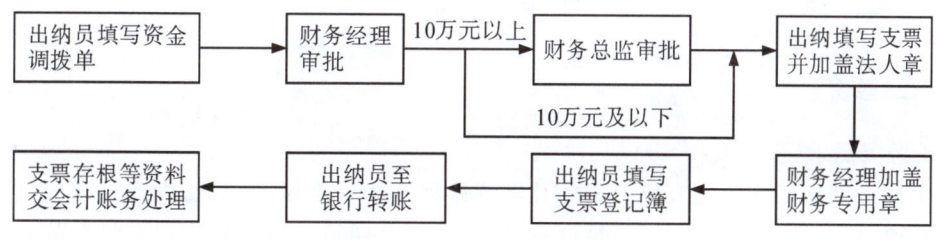

图 3-13　资金调拨业务流程

（3）注意事项

在公司账户间进行资金调拨，应使用资金转出账户的支票。

出纳员可以持该支票到资金转出账户的开户行办理转账，此时支票背面不需背书，但应填写三联的"银行进账单"，转出账户的开户行在验证支票无误并确认账户中有足额存款后，在进账单第一联上加盖"业务章"退回给企业，此联只能用作银行受理该业务的证明，不能作为资金转入账户的收款证明。

出纳员也可以选择将支票拿到资金转入账户的开户行办理转账，此时支票的背面要做"委托收款"背书，如图 3-14 所示，并填写两联的银行进账单，银行在检查支票和进账单无误后，在银行进账单第二联加盖"转讫章"退给企业。

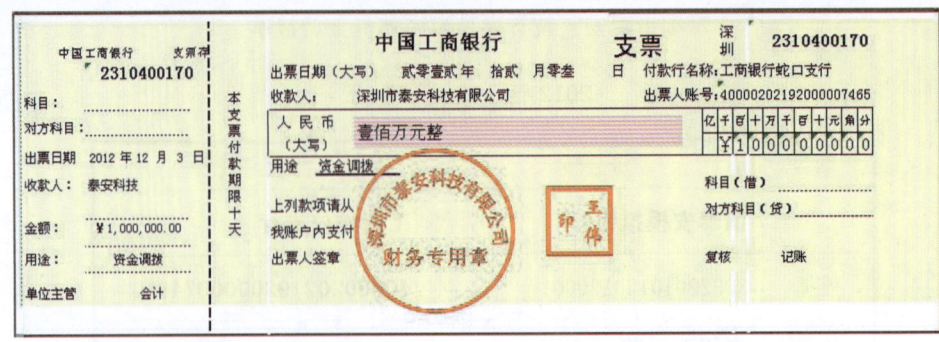

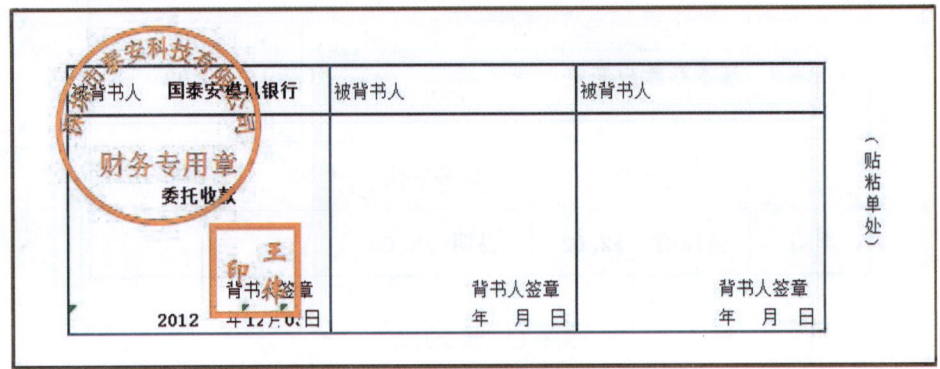

图 3-14 资金调拨支票正、背面

(二)融资

1.融资需求

根据深圳市泰安科技有限公司本月经营过程中的资金供求状况,发现公司应收款项增长迅速,流动资金出现周转缺口,如不采取措施,公司持有的一张应付金贝尔的银行承兑汇票 351 万元于 20 日到期时公司将无力付款,因此,需尽早做好融资安排,选择合适融资方式,解决资金周转问题。

根据相关资料,公司目前在工商银行有 500 万元的长期借款,到期一次还本付息,还有两年到期。另外,公司在国泰安模拟银行取得了 500 万元的商业汇票承兑额度,可作为公司短期资金融通方式在采购业务中使用。同时,公司持有未到期的应收票据,在营运过程中出现临时性资金短缺时,进行票据贴现是快捷、低风险且筹资成本较低的融资方式,可作为短期融资的首选。

2.贴现业务流程

银行承兑汇票的贴现业务需加以控制,以防止会计人员的寻租、舞弊行为,为此,公司在《资金收付与费用报销暂行规定》中规定:对于收到的银行承兑汇票,应视需要与否,决定是否办理贴现。需要办理贴现的,应报经主管财务的副总经理批准,在贴现前必须经过与两家以上银行贴现率的对比,选择其中较低的贴现率作为贴现业务的办理银行,并作好相应的询价记录备查。据此,公司的贴现业务应遵循以下流程:

```
会计向各银行        撰写贴现         财务总监          出纳填写贴现
查询贴现率    →    申请       →    审批       →     凭证、背书票据、
                                                    加盖法人章

会计进行账务  ←   出纳员取回  ←   出纳员携资料  ←   财务经理加盖
处理              回单            至贴现行办理      财务专用章
```

图 3-15 贴现业务流程

3.注意事项

(1)该流程中的"贴现申请"是企业用于控制贴现业务的内部单据,大多数企业没有专门印制固定格式单据,负责管理资金的会计人员可以使用公司便笺纸自行书写,其内容应包括对资金缺口的简要说明、对贴现率的比价情况、拟贴现情况等,参见图 3-16。

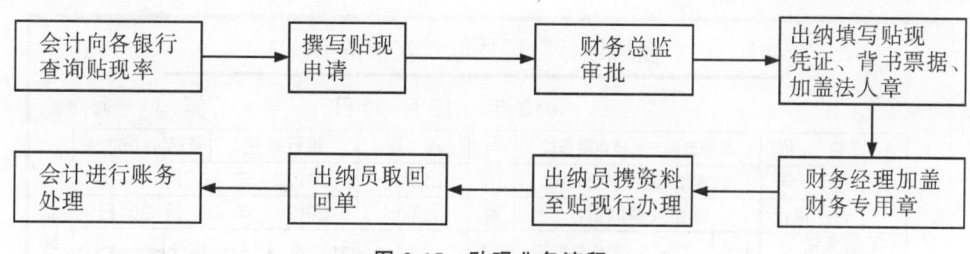

深圳市泰安科技有限公司

贴现申请

易明总监：

　　公司应付金贝尔票据 351 万元将于 21 日到期,公司银行存款已不足支付,现需将应收智通电子票据(面值 667.32 万元,将于 2013 年 1 月 20 日到期)进行贴现,经比较,国泰安模拟银行现行贴现率 3.6%为最低,特申请批准至该行办理。

　　　　　　　　　　　　　　　　　　　　　　财务部
　　　　　　　　　　　　　　　　　　　　　　王德祥
　　　　　　　　　　　　　　　　　　　　　　2012.12.18

同意,请及时办理。
　　易明
　　12.18

图 3-16 贴现申请

(2)贴现凭证一式五联,其中第一联上需加盖公司预留印鉴,如图 3-17 所示。

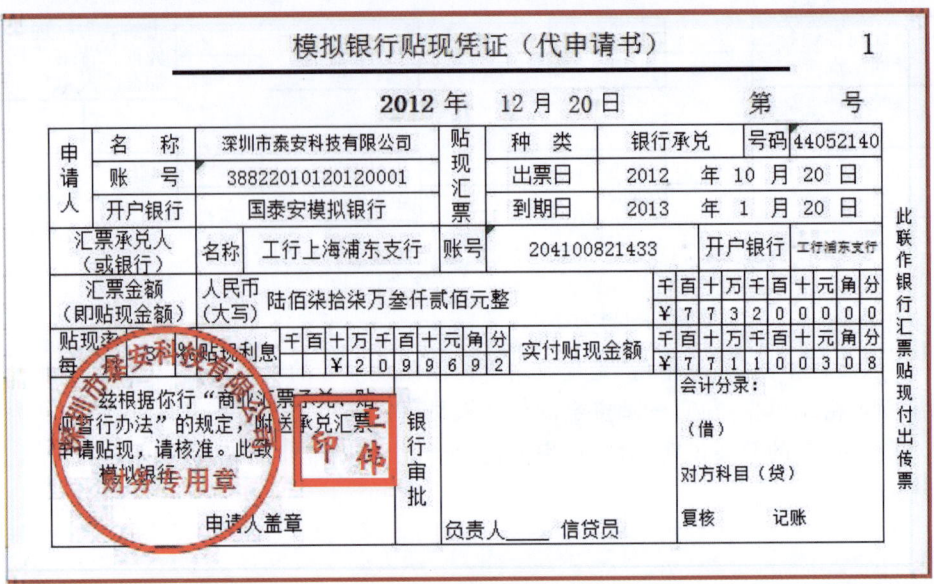

图 3-17 贴现凭证

其中,贴现率以月利率表示,银行在完成贴现后在第四联上加盖"转讫章"退回企业,作为贴现款项到账证明。

(3)办理贴现的银行承兑汇票要背书给贴现银行,如图 3-18 所示。

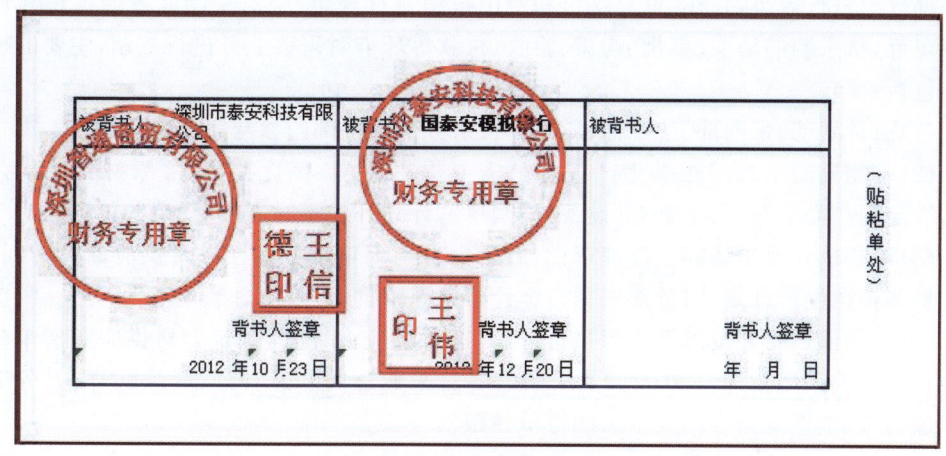

图 3-18 贴现票据及背书

(4)实际工作中,贴现银行为了防范贴现风险,除了上述贴现凭证和票据外,还会要求企业提供其他贴现资料审查,一般包括公司营业执照、税务登记证等基本资料,该票据涉及的商品交易合同、发票等,实训中对此进行了省略。

(5)由于公司采用财务软件进行会计核算,并启用了应收、应付子系统,对贴现业务的账务处理需进入应收款管理系统,在票据管理中对贴现票据进行"贴现"操作,并生成记账凭证。

第二节 采购与付款业务

采购与付款业务中的营私舞弊现象在实际工作中频繁出现,企业应根据实际情况,对采购业务各环节存在的风险进行深入分析,制订、完善采购业务相关管理制度,规范采购业务流程,建立监督机制,从而对采购业务进行有效的控制,确保物资采购合规、高效。

一、采购与付款业务的内部控制

1.采购与付款业务的主要风险

采购与付款业务风险主要存在以下三个环节:

(1)采购计划安排不合理,市场变化趋势预测不准确,造成库存短缺或积压,可能导致企业生产停滞或资源浪费。

(2)供应商选择不当,采购方式不合理,招投标或定价机制不科学,授权审批不规范,可能导致采购物资质次价高,出现舞弊或遭受欺诈。

(3)采购验收不规范,付款审核不严,可能导致采购物资、资金损失或信用受损。

2.采购与付款业务的控制措施

为了防范采购业务的主要风险,实训公司制订了《采购管理程序》,对采购业务的流程和审批权限进行规范,并在《资金支付和费用报销暂行规定》中对采购业务的报销和付款进行规范,从采购的请购、审批、购买、验收、付款等环节对采购业务进行控制,主要的控制措施包括:

(1)由计划部、采购部、生产部、质控部及财务部等多部门参与完成采购业务。

(2)各物资需求部门根据生产或办公需要提出请购,存货类填写"原材料请购计划表",固定资产类填写"固定资产(设备)请购单",计划外的零时需求填"请购单"。

(3)请购单先经申请部门经理审批,然后由采购部审批并标注参考供应商及时间,再送计划部根据生产计划、财务部根据资金计划情况审批,最后由总经理审批。

(4)采购部负责并按以下步骤执行采购:进行供应商评估,确定合格供应商清单。生产原材料采购采用招标,1万元以上采购需签订采购合同并经计划部、采购部、财务部和总经理会签;根据采购合同发出采购订单并跟催。

(5)采购物资经相关部门质检合格后方能验收。

(6)采购员报销时须提供发票、合同、入库单等资料,并需经采购部经理郑向阳、主管采购部的副总经理安博勇、财务经理审批;采购金额5万元以上还需经财务总监易明审批;采购金额20万元以上的还需经总经理王伟审批。

(7)采购员提出付款,需经采购部经理郑向阳、主管采购部的副总经理安博勇、财务经理审批;付款金额1万元以上还需经财务总监易明审批;付款金额20万元以上的还需经总经理王伟审批。

二、采购业务流程

企业采购的物资,由于采购地点和结算方式的不同,物资的入库、采购发票的取得和货款的支付在时间上不一定同步,在具体处理方式上也有所不同。

(一)材料已验收入库并取得发票账单等结算凭证

通常所说的"单货同到"采购业务,采购人员持入库单、采购发票及运费发票至财务部办理报销手续,根据公司的相关规定,会计人员应按以下流程来处理。

1.业务处理流程

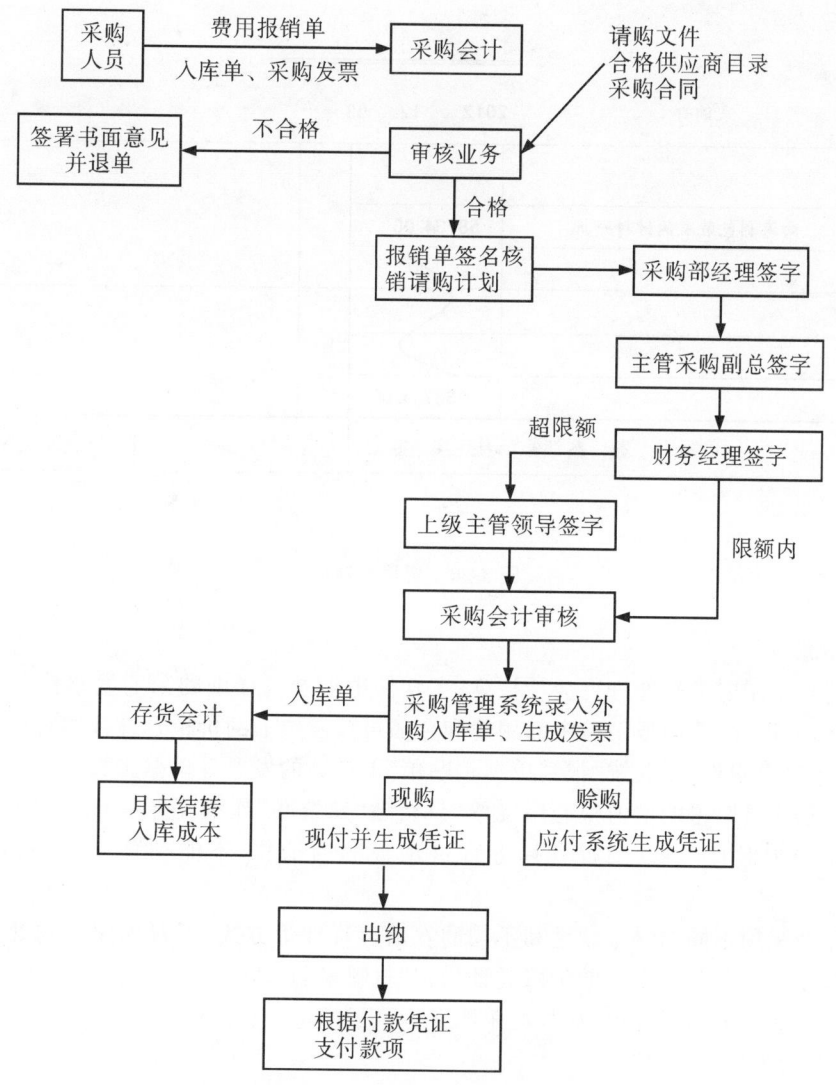

图 3-19 "单货同到"采购业务流程

2.说明及注意事项

(1)企业可以根据自身采购业务的特点和控制流程,自行设计和印制专用的采购报销单据,大多数企业采用"费用报销单"进行采购业务的报销。

采购人员取得采购发票及运费发票时,应据以填写"费用报销单",并在"报销人"栏签名,如图 3-20 所示。同时,将采购发票及运费发票等粘贴在"报销单据粘贴单"上,再将"费用报销单"和"报销单据粘贴单"的左上角粘贴在一起,在办理后继手续时一并传递。

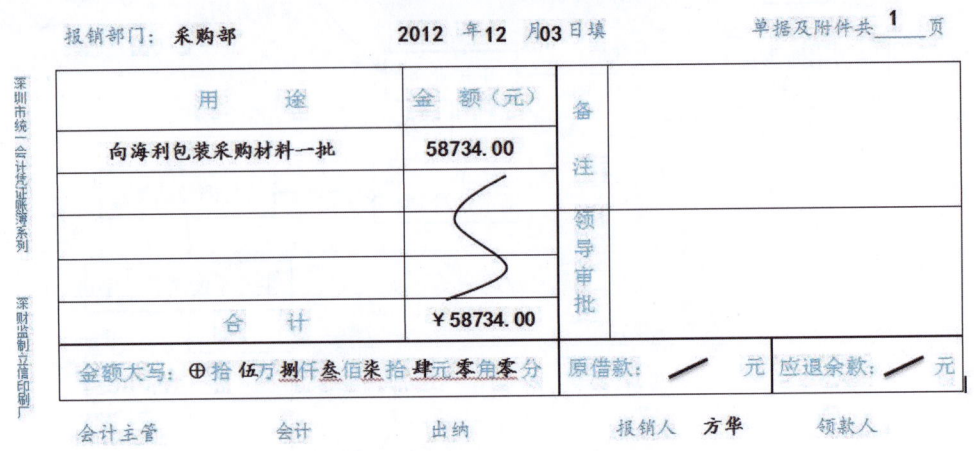

图 3-20 费用报销单

应注意：

①公司采用财务软件进行会计核算，在软件中需录入详细的采购发票信息并据以生成记账凭证，因此，费用报销单中的用途和金额可按发票上的价税合计数填写。

②"单据及附件"张数按"报销单据粘贴单"上粘贴的发票等单据张数填写。

③采购人员取得的增值税专用发票，只粘贴"发票联"作为原始凭证，"抵扣联"交给会计人员单独保管，用以到税务局办理进项税额的抵扣，不能粘贴在"报销单据粘贴单"上。

④企业采用不同的财务软件和不同的发出存货计价方式，则对入库单的处理方式也不同。如果此采购业务生成的记账凭证借记"材料采购"，入库单由存货会计保管，月末汇总结转材料入库成本时处理；如果此采购业务生成的记账凭证借记"原材料"，则将入库单粘贴在"报销单据粘贴单"上。

实训公司采用用友软件，物资采购业务须先经过"材料采购"账户，入库单提交给会计人员即可。

⑤如该采购业务提交了"请购单"，可将"请购单"与"材料请购计划表"一并保管，不作为原始凭证粘贴在"费用报销单"上。

（2）采购会计对此采购业务的审核目的是确认该采购业务符合企业内部控制的要求，各关键点实施了必要的控制，相关单据真实、规范，符合公司的规定。审核依据为财务部备案的"材料请购计划表"和"合格供应商目录"，以及采购部的"采购合同"，具体审核内容包括：

①采购的存货必须在"材料采购请购计划表"中或提供"请购单"，采购发票、入库数量必须与请购文件一致。

②供应商经过认证和询价，必须列入"合格供应商目录"。

③采购金额在1万元以上的必须有采购合同，采购合同中条款与实际报销情况相符。

④采购发票等结算凭证具备真实性、合法性和有效性。

⑤"费用报销单"中填列内容无误,金额等与购货发票相符。

(3)采购会计根据对采购业务的审核情况分别进行处理:

①审核以上各项未发现问题,在"费用报销单"的"会计"栏处签名,并核销材料请购计划,参见图3-21。

原 材 料 请 购 计 划 表

编号:20021201　　　　　　　　　　　　　　　　　　　日期:　2012　年　11月26日

序号	物料编号	品名	规格型号	数量	用途	到料时间	参考供应商	核销	备注
1		贴片电阻	0805-470 欧 1/16W±5%	40000		12.1	华强三洋	12.31 单到核销	12.03 货到
2		吸塑盒	1/25	20000		12.2	深圳海利包装材料公司	12.03 核销	
3		包装彩盒	1/20	40000				12.03 核销	
4		纸箱	1/50	100000				12.03 核销	
5		防震泡沫	1/20	40000				12.03 核销	
6		线路板	808PCB	100000		12.2	中国机械进出口公司	12.06 货到核销	12.03 单到
7		4PIN 插头	4*2mm					12.06 货到核销	12.03 单到
8		贴片电阻	0805-470 欧 1/16W±5%	40000		12.3	华强三洋		
9		贴片电阻	0805-15K 欧 1/8W±1%	50000				12.31 单到核销	12.04 货到
10		贴片电阻	0805-24.3K 欧 1/8W±1%	200000				12.31 单到核销	12.04 货到
11		贴片电阻	0805-20.5K 欧 1/8W±1%	200000				12.31 单到核销	12.04 货到
12		贴片电阻	0805-24.3K 欧 1/8W±1%	150000				12.31 单到核销	12.04 货到
13		贴片电阻	1206-2 欧 1/4W±1%	800000				12.31 单到核销	12.04 货到
14		贴片电阻	1206-10 欧 1/4W±1%	150000				12.31 单到核销	12.04 货到

批准:　安博勇　　易明　　王伟　　　　审核:　朱利　　　　　　　制表:　江民民

图 3-21　原材料请购计划核销

对于已验收入库并取得发票的外购材料,如图 3-21 所示,实训公司 12 月 3 日向海利包装材料公司购入的材料,在"原材料请购计划表"内"核销"栏直接标注日期和"核销"字样,表示该日此物料采购事项已全部处理完毕。

将"费用报销单"传递给采购人员,告知其应履行的审签手续,由采购人员至相关负责人处办理审签。

②审核中发现问题,如"供应商未认证为合格供应商"、"无请购计划"、"采购数量与请购数量不符"等,则在"费用报销单"中"备注"栏处写明业务问题并签名,如图 3-22 所示,将"费用报销单"连同业务单据退还给采购人员,由其负责解决相关业务问题。

(4)公司的《资金支付和费用报销暂行规定》中规定了采购业务的分级审批权限:

①有经济合同或协议、金额在 5 万元以下(含 5 万元)的计划内采购,以及单笔金额 1 万元以内(含 1 万元)的零星采购,由报销部门负责人、主管副总经理与财务部经理会签审批。

②有经济合同或协议、金额在 5 万元以上的计划内采购,以及单笔金额 1 万元以上的零星采购,还需分管财务副总经理审批。

③有经济合同或协议、金额在 20 万元以上的计划内采购,以及单笔金额 5 万元以上的零星采购,除需经分管财务副总经理审批外,尚需总经理(或授权人)审批。

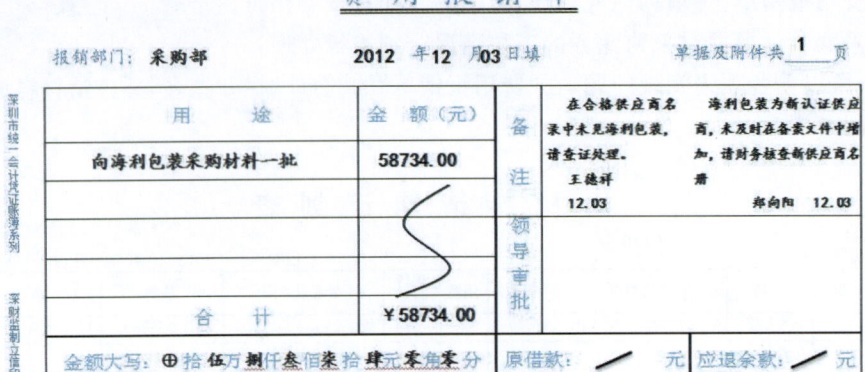

图 3-22 审核意见备注及后继处理

会计人员要熟悉公司架构及领导分工,根据采购业务的具体情况确定应对其审签的领导,例如实训公司向新众包装厂采购的塑料袋 1 080 元,是未签订采购合同的零星采购,应经采购部经理郑向阳、主管采购部的副总经理安博勇、财务经理审核签字才能报销;向海利包装公司购入的原材料属计划内采购,签订了采购合同,采购金额为 58 734 元,应经郑向阳、安博勇、财务经理、主管财务的副总经理易明审签才能报销;向中国机构进出口公司采购的金额为 854 100 元,应经郑向阳、安博勇、财务经理、易明和总经理王伟审签才能报销,如图 3-23 所示。

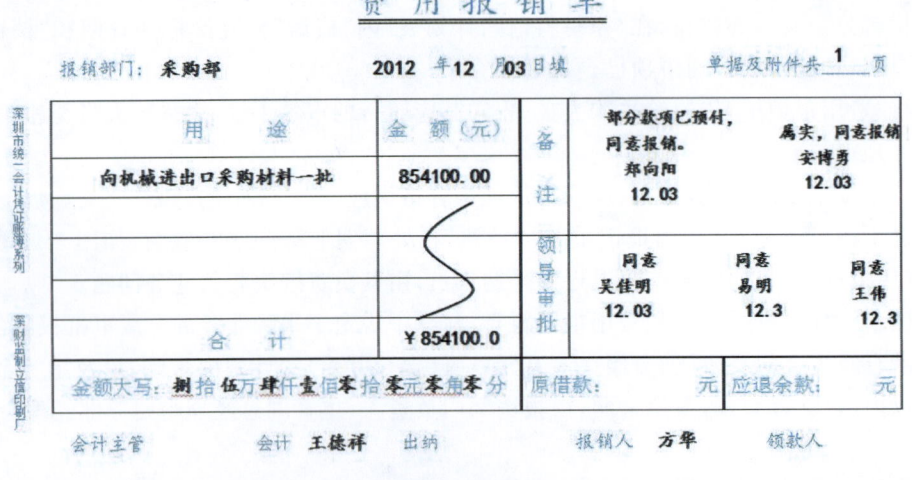

图 3-23 报销审签

从以上对采购业务报销的审批权限可以看出,企业设定分级审批的目的是从两个方面对相关业务进行控制:一是从业务角度,由具体业务执行部门领导和相关主管领导审签,侧重于对业务的必要性、合理性、真实性的审核;二是从财务角度,由财务部门领导及主管财务的相关领导审签,侧重于财务制度的执行以及公司资金的安排、费用的控制等合规性、有效性的审核。

这些审签人员一般按先业务、后财务的原则,从职位由低到高顺序审签。

(5)采购会计对审签完毕的费用报销单和相关单据进行检查,以确定采购业务真实、合规、手续完整,审核无误后,据以通过财务软件进行账务处理。

因此,会计人员对报销业务的签名监督目的有两个:一是确认业务及单据的真实、合规性,二是保证业务审批流程正确,审批手续齐备。

(6)用友软件中对采购业务的具体处理包括:

①在"采购管理"子系统内增加"外购入库单",据以生成"采购发票",如为现购业务,对该采购发票进行"现付"操作,生成如下凭证:

借:材料采购
　　应交税费——应交增值税(进项税额)
　贷:银行存款

如为赊购业务,则进入"应付款管理"子系统,根据该采购发票生成如下凭证:

借:材料采购
　　应交税费——应交增值税(进项税额)
　贷:应付账款

如支付了商业汇票,还需要进入"应付款管理"子系统,通过"票据管理"功能增加商业汇票,并据以生成如下凭证:

借:应付账款
　贷:应付票据

应注意的是,有的财务软件版本支持根据采购发票和商业汇票直接生成应付票据的记账凭证,无须通过应付账款过渡。

②在"采购管理"子系统中对该笔采购业务的采购发票和入库单进行"采购结算"操作,以确定实际采购成本。

③存货会计对"库存管理"子系统内的"入库单"进行审核,对"存货核算"子系统内的"入库单"进行记账操作,将纸质"入库单"统一保管。月末,根据所有单货同到的采购入库单,在"存货核算"子系统汇总生成如下凭证:

借:原材料
　贷:材料采购

(7)现购方式结算的采购业务,应履行相应的付款程序后,出纳员才能根据付款凭证对外支付款项。

(二)取得发票账单等结算凭证,但材料尚未验收入库

通常所说的"单到货未到"的采购业务,会计人员应按以下方式处理:

1.业务处理流程

对此类采购业务的处理分两个步骤:

(1)单到,采购人员取得采购发票等结算凭证至财务部门办理报销:

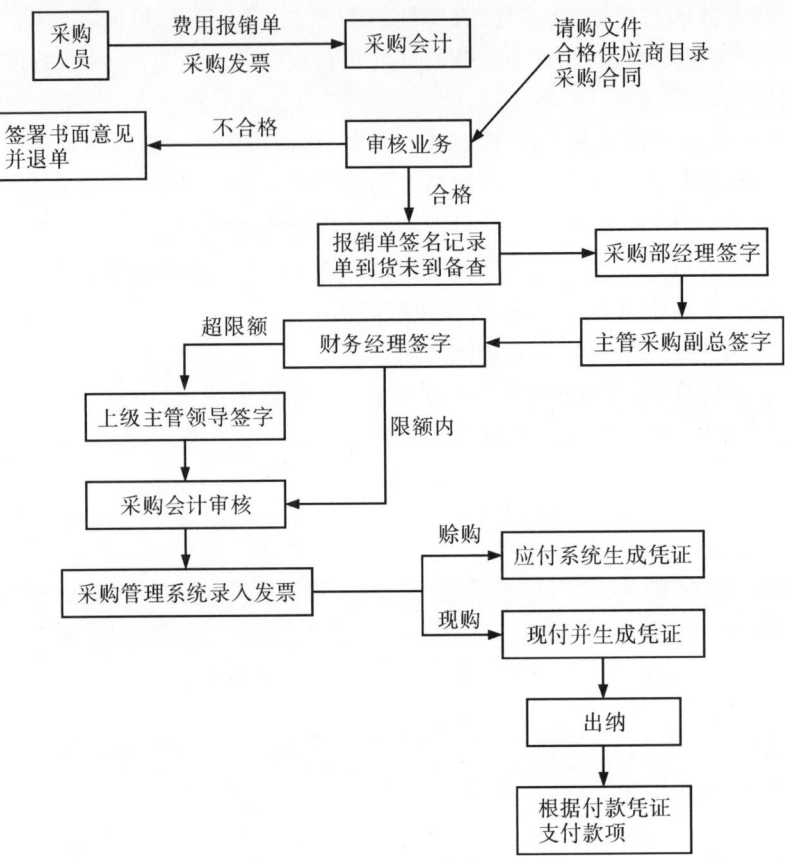

图 3-24 "单到货未到"采购业务流程(1)

(2)货到,采购人员持入库单至财务部办理入库手续:

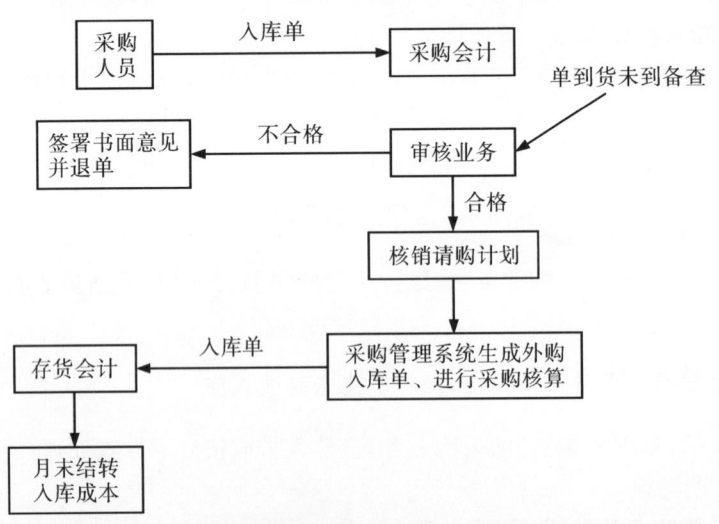

图 3-25 "单到货未到"采购业务流程(2)

2.说明及注意事项

(1)对单到货未到的采购业务,财务部门在接收到采购发票时即展开对该业务的监督,需将"费用报销单"、采购发票与"材料请购计划表"、"合格供应商目录"、"采购合同"等进行核对,只有检查确认真实、合规的采购业务才能进行报销。

(2)单到货未到采购业务备查属于备查簿性质,每个企业具体形式会有所不同,实训公司采用在"材料请购计划表"中备注方式进行,如图3-21所示,向中国机构进出口公司采购的原材料12月3日单到,经业务检查无误后,在该表的"备注"栏标注了"12.03单到"字样,表示该笔采购业务单到但货未到而未完成采购业务的全部处理。

(3)由于单到环节已对该采购业务的供应商和合同进行了检查核对无误,货到时会计人员重点核对入库单和"材料请购计划表",核对无误才能办理入库。同时,要在"材料请购计划表"中进行采购核销,如图3-21所示,向中国机构进出口公司采购的原材料12月6日到货,核对无误后,在该表的"核销"栏标注"12.06货到核销",表示该材料已完成全部业务处理,从而在"材料请购计划表"中留下完整的业务处理轨迹。

(4)存货会计月末可在"存货核算"子系统中,将此类采购业务的入库单和单货同到采购业务入库单,一并汇总生成如下凭证:

借:原材料
　　贷:材料采购

(三)材料已验收入库,但尚未取得发票账单等结算凭证

通常所说的"货到单未到"的采购业务,会计人员应按以下方式处理:

1.业务处理流程

对此类采购业务的处理分两个步骤:

(1)货到,采购人员持入库单至财务部办理入库手续:

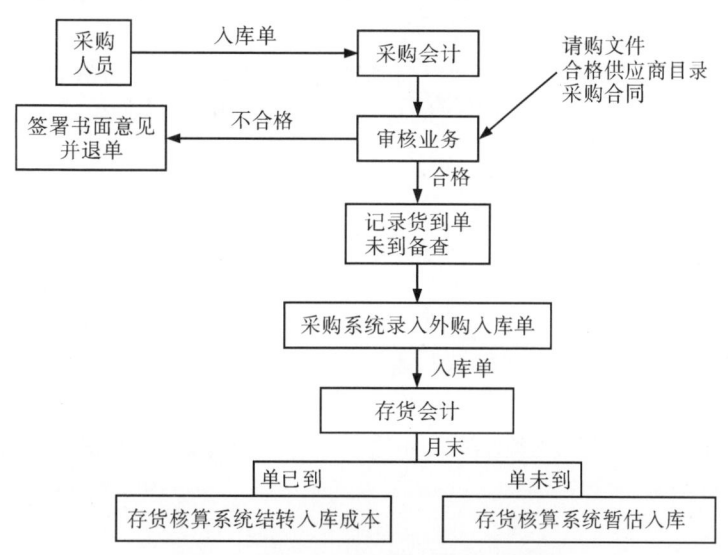

图3-26 "货到单未到"采购业务流程(1)

(2)单到,采购人员取得采购发票等结算凭证至财务部门办理报销:

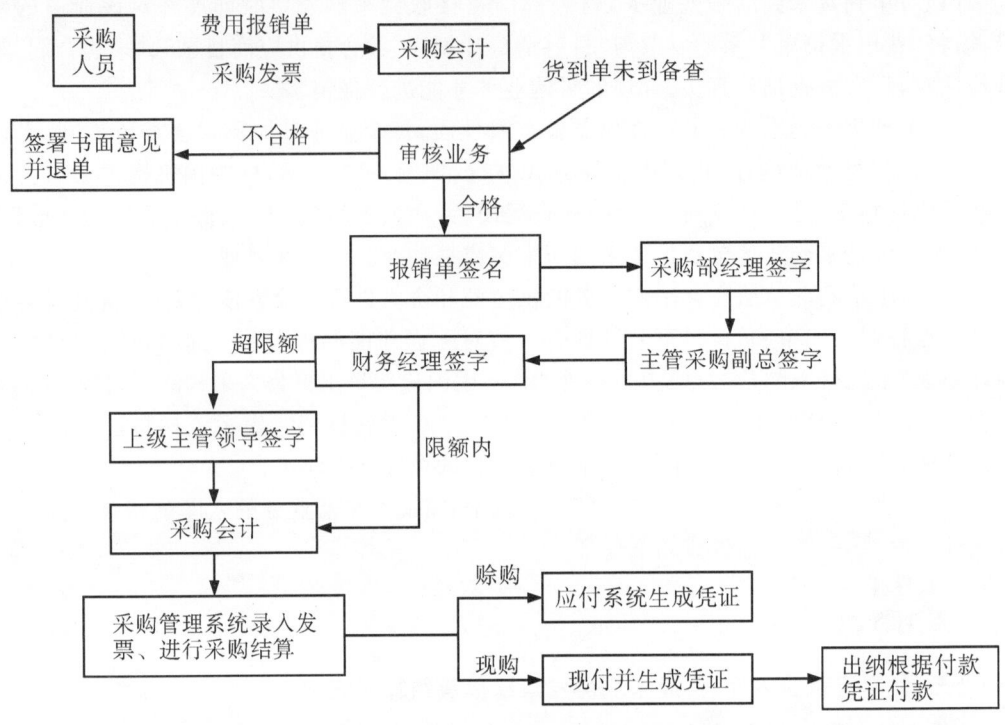

图 3-27 "货到单未到"采购业务流程(2)

2.说明及注意事项

(1)对货到单未到的采购业务,财务部门在接收到入库单时即展开对该业务的监督,需将入库单与"材料请购计划表"、"合格供应商目录"、"采购合同"等进行核对,只有检查确认真实、合规的材料才能办理入库。

(2)货到单未到采购业务备查在"材料请购计划表"中以备注方式进行,如图 3-21 所示,向华强三洋采购的原材料 12 月 3 日、12 月 4 日均有货到,经业务检查无误后,在该表的"备注"栏标注了"12.03 货到"、"12.04 货到"字样,表示该笔采购业务货到,但未取得发票而未完成采购业务的全部处理。

(3)单到时会计人员重点检查采购发票、"费用报销单",并核对"材料请购计划表"中的货到单未到备注,检查无误才能办理报销。同时,要在"材料请购计划表"中进行采购核销,如图 3-21 所示,向华强三洋采购的原材料 12 月 31 日取得购货发票,核对无误后,在该表的"核销"栏标注"12.31 单到核销",表示该材料已完成全部业务处理,从而在"材料请购计划表"中留下完整的业务处理轨迹。

(4)"材料请购计划表"中"备注"栏,还用于标注分批开票、分批到货以及其他采购事项,如图 3-28 所示。

原材料请购计划表

编号：20021203　　　　　　　　　　　　　　　日期：2012 年 11 月 26 日

序号	物料编号	品名	规格型号	数量	用途	到料时间	参考供应商	核销	备注
29		外壳(上、下壳)	K100 座	60000			上海永隆模具有限公司	12.17 核销	12.14 单到
30		外壳(上、下壳)	K3900	50000				12.17 核销	12.14 单到
31		电解电容	47μF16V+80%/-20%	150000			深圳光辉电子有限公司	12.11 单到核销	10 日货到
32		电解电容	220μF25V+80%/-20%	50000				12.11 单到核销	10 日入库 80000
33		高压电解电容	15μF400V+80%/-20%	80000				12.11 单到核销	10 日货到
34		绕线电阻	10/1W±5%	100000				12.11 单到核销	10 日货到
35		通电插脚		400000		12.1	赛格电子	12.13 日核销	
36		通电触簧		400000				12.13 日核销	
37		贴片电阻	0805-10K 欧 1/8W±1%	100000			华强三洋电子	12.31 单到核销	12.18 货到
38		贴片电阻	0805-100K 欧 1/8W±1%	100000				12.31 单到核销	12.18 货到
39		贴片电阻	1206-120 欧 1/8W±5%	100000				12.31 单到核销	12.18 货到
40		连接线	UL 26AMG 300V 85℃	150000		12.20	赛格电子	12.25 核销 50000 个	12.13 核销 100000 个
41		电感线圈	3.3UH±15%	50000				12.25 核销	
42		半圆头十字自攻螺钉	ST2.5	500000		12.20	三勇五金建材商店	12.24 核销	12.18 货到

批准：安博勇　易明　王伟　　　审核：朱利　　　　　　制表：江民民

图 3-28　原材料请购计划表备注

其中，12 月 10 日从光辉电子有限公司购入的电解电容有超请购计划入库，从赛格电子采购的 150 000 条"连接线"分两批采购入库，从而完整清晰反映企业请购计划的具体执行情况。

(5) 注意货到单未到的采购业务在财务软件中的处理方式，以实训公司采用的用友软件为例，货到时，在"采购管理"子系统录入"外购入库单"，因发票未到，该入库单可以不录入价格，此单只可以在"库存管理"子系统审核，不能在"存货核算"子系统记账；也可以录入暂估价，但注意在"存货核算"子系统中，对此单暂不执行"记账"操作。

若该采购业务的采购发票在当月收到，在"采购管理"系统中根据"外购入库单"生成"采购发票"，进行采购结算，系统计算确定实际采购成本后，按实际成本写入"外购入库单"价格栏或修改暂估价，在"采购管理"子系统或"应付款管理"子系统生成采购业务凭证，月末，将此类采购业务的入库单和单货同到采购业务入库单，一并汇总生成结转入库材料成本凭证。

若该采购业务的采购发票在月末仍未收到，则需对"外购入库单"进行暂估入库，对未录入价格的入库单补充暂估价，在"存货核算"子系统中对其进行记账，并汇总生成如下凭证：

借：原材料
　　贷：应付账款——暂估入库应付款

此暂估业务的成本回冲方式，企业可以在"月初回冲"、"单到回冲"和"单到补差"中选择其一，例如某材料暂估价为 10 000 元，实际采购成本为 9 000 元，根据不同的选项，后继处理如图 3-29 所示。

月初回冲处理方式与手工处理习惯一致，容易掌握，但跨期仍未取得采购发票时，需反复暂估回冲；单到回冲处理方式只需单到时做一次回冲处理，若存在一张入库单分次开发票时，进行部分结算操作较为复杂；单到补处理方式下的原材料明细分类账较为简洁，

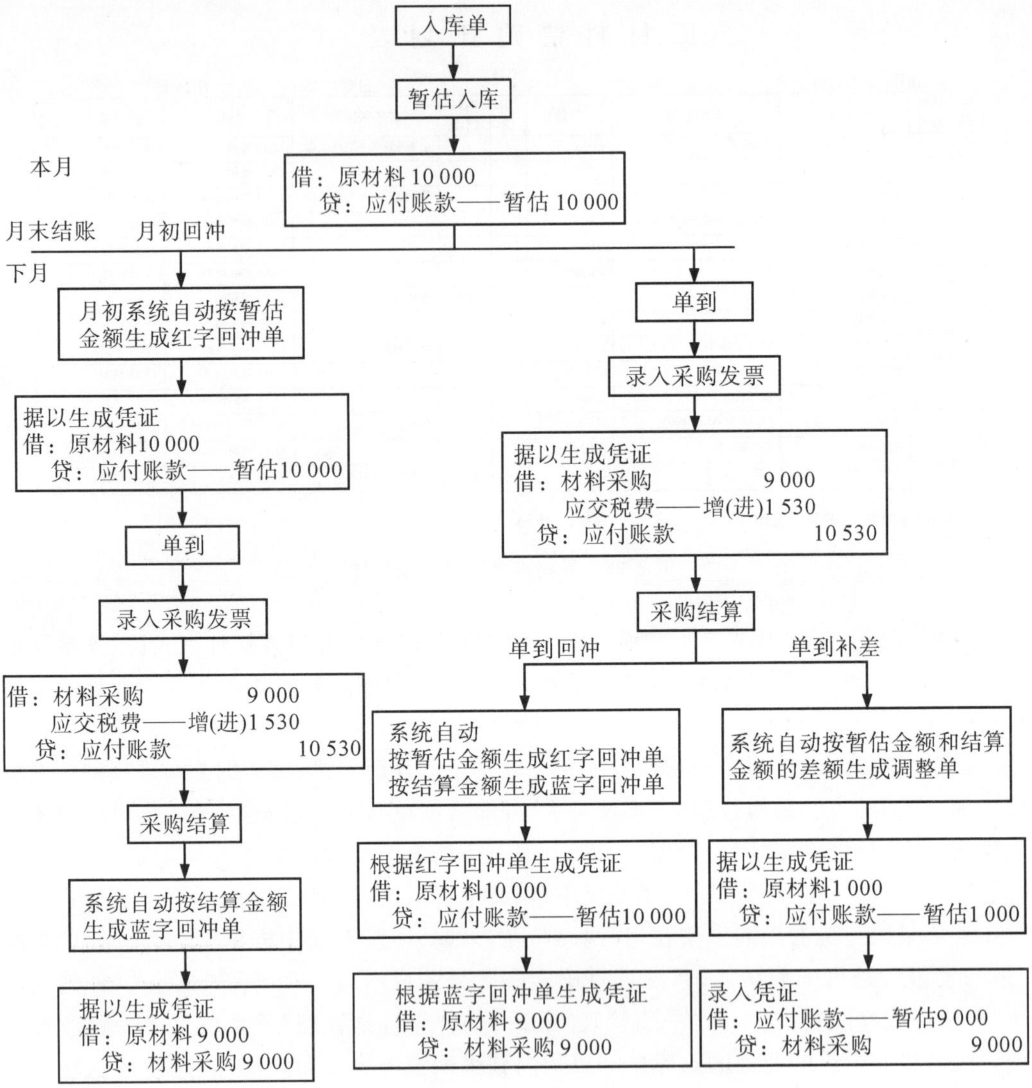

图3-29 暂估业务回冲处理

但不支持部分结算。因此,企业应根据货到单未到的业务量及与供应商结算方式,选择适当的暂估入库回冲处理方式。实训公司选择采用月初回冲方式。

三、付款业务处理流程

采购与付款是密不可分的经济业务,采购货款绝大部分需要通过银行存款支付,只有个别在结算起点以下的的零星采购可以支付现金。采购员在采购前预借现金用以支付采购款项的,参见借款业务处理流程;采购员垫付现金采购,在报销时支付现金的,参见费用报销业务处理流程。根据公司相关规定,会计人员应按以下流程来处理银行存款支付业务:

(一) 业务处理流程

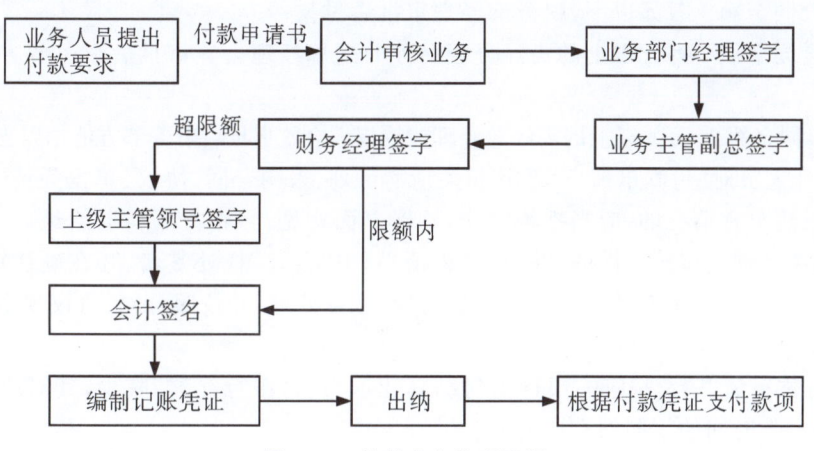

图 3-30　付款业务处理流程

(二) 说明及注意事项

1.公司《资金支付和费用报销暂行规定》中要求：凡因工作需要向财务部申请支付银行存款的，必须填制"付款申请书"。企业的商业汇票到期时承担无条件付款责任，因此，在其签发时也通过"付款通知书"进行支付控制。"付款申请书"又称"付款通知书"，由经办人根据合同、协议等填写，并在"经办人"栏签名，做到内容完整、字迹清楚，如图 3-31 所示。

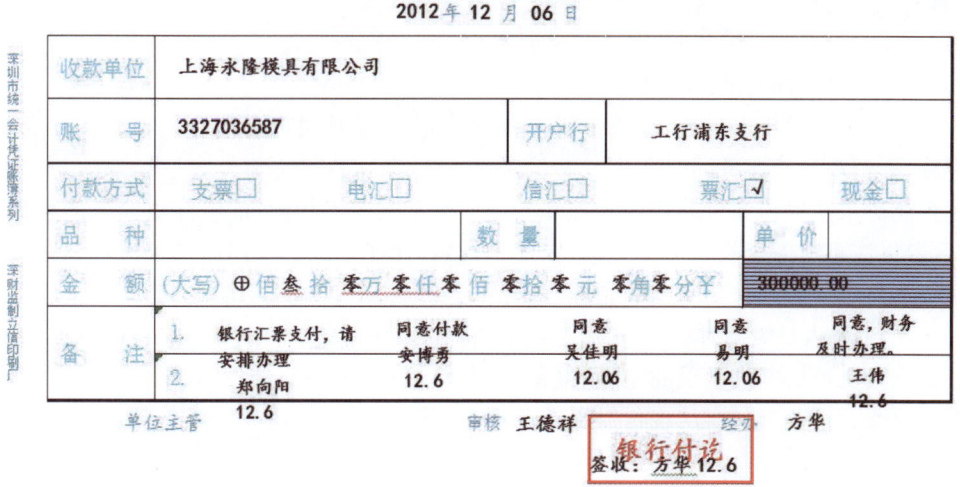

图 3-31　付款申请书

2."付款申请书"应附原始单据或合同、协议等相关证明，履行严格的授权审批程序后，才能安排资金支付。原则上不允许没有业务合同的对外资金支付。

3.每个企业会根据对外支付资金的用途和金额等制订分级审批权限,根据规定:经办人将付款申请书送部门经理、主管副总经理审核批准后,按以下规定报批:

(1)合同金额1万元以下,财务部经理审批后付款;

(2)合同金额1万元以上的需经分管财务的副总经理会签审批后财务部方能据以支付款项;

(3)合同金额20万元以上的需经总经理或授权人会签审批后财务部方能据以支付款项。

4.会计人员对"付款申请书"及其相关请购计划、采购合同、协议、单据凭证等,进行严格审核,发现异常情况的,应当拒绝付款,签署书面意见,将相关资料退给经办人,由其负责解决相关问题。审核无误的,在"付款申请书"中"会计"栏处签名,并在确认该"费用报销单"已履行必要的审签手续基础上,及时进行账务处理,并按照合同、协议规定安排出纳办理付款。

5."付款申请书"及相应的银行支付结算凭证表明"银行存款"减少,其对应科目视采购报销与付款时间的不同而有所差异:

(1)先报销、后付款

先报销、后付款,即通常所指"赊购"业务,采购员先取得采购发票,填写"费用报销单"办理报销,到了合同约定付款期,再支付货款。报销时,根据"费用报销单",在"采购管理"子系统中录入"采购发票",在"应付款管理"子系统中据以生成如下凭证:

借:材料采购
　　应交税费——应交增值税(进项税额)
　　贷:应付账款

付款时,根据"付款申请书",在"应付款管理"子系统中录入"付款单",进行应付款项核销操作,并据以生成如下凭证:

借:应付账款
　　贷:银行存款

(2)采购报销同时要求付款

采购报销同时要求付款,即通常所指"现购"业务,采购员取得购货发票报销并要求支付货款,报销和付款业务同时发生。

企业对采购报销和付款业务管理和控制的侧重点各不相同,前者注重业务的合理、合规,后者更注重财务合规和资金安排,因此,对二者往往规定了不同的审批流程和权限,在会计核算与资金管理分工明确的企业,差异更为明显。

所以,采购人员需同时填写"费用报销单"和"付款申请书",分别执行相应的审签手续。

会计人员根据审批无误的"费用报销单"和"付款申请书",在"采购管理"子系统中录入采购发票,对该发票进行"现付"操作,并据以生成凭证如下:

借:材料采购
　　应交税费——应交增值税(进项税额)
　　贷:银行存款

(3)先付款、后报销

①预付款采购

采购合同约定按买方预付部分或全部账款的结算方式,采购员根据合同先向卖方支付货款,后取得采购发票办理报销。付款时,根据"付款申请书",在"应付款管理"子系统中录入"付款单",根据付款单生成预付款凭证如下:

　　借:预付账款
　　　　贷:银行存款

　　取得采购发票报销时,根据"费用报销单",在"采购管理"系统中录入采购发票,在"应付款管理"子系统中首先生成凭证如下:

　　借:材料采购
　　　　应交税费——应交增值税(进项税额)
　　　　贷:应付账款

　　再进行"预付冲应付"操作,并生成凭证如下:

　　借:应付账款
　　　　贷:预付账款

　　②特殊的现购业务

　　有些采购的业务流程是先付款、后取得发票,但其本质并不是预付款结算,而是属于现购业务。如实训公司和赛格电子签订的采购合同中约定:公司向赛格电子发出采购订单,经赛格电子确认后,以支票方式一次性付清货款,赛格电子在收到货款当天发货,并在收取货款后开具增值税专用发票。

　　对此类业务,在实务中有多种处理方式:

　　一是按以上先付款、后报销的采购业务处理方式,通过"预付账款"进行处理,能够及时提供会计信息,但有违经济活动的实质,且增加了核算工作量。

　　二是压单,付款时,出纳员根据"付款申请书"对外付款,会计人员暂不进行账务处理,待采购员取回发票,办理报销后,与"费用报销单"一并进行账务处理。这种处理方式较为简单,但未对付款业务及时进行账务处理,而且在实际工作中常发生采购员拖拉、延误、迟迟不送交发票报销的现象,给会计核算带来不便。

　　三是挂采购员应收款,为了明确责任,督促采购员及时取得采购发票,办理报销手续。有些企业选择在付款时,根据"付款申请书"编制如下凭证:

　　借:其他应收款
　　　　贷:银行存款

　　待采购员持采购发票报销时,再冲销挂在其名下的"其他应收款"。

　　这种处理方式对业务人员实施了控制和监督,但记入其他应收款有违业务本质,同样也增加了核算工作量。

　　企业可以根据具体情况选择对此类采购业务的处理方式,实训公司选择在付款时先做压单处理,若采购员在次日仍未来办理报销手续,则采用"预付账款"方式处理,在按供应商进行往来核算的基础上,增设"经办人"辅助核算,以明确采购人员的责任。如对赛格电子的采购,对审核无误的"付款申请书",会计人员暂不进行账务处理,出纳员先据以支付款项,待采购员办理了报销手续后,会计人员再根据"付款申请书"和"费用报销单"进行现购处理。

　　6.企业的收、付款业务应遵循"先记账、后付款,先收款、后记账"的处理原则,尤其是现金收、付业务。付款时出纳员应根据会计人员编制的记账凭证和审核无误的"付款申请书"对外支付款项,并在"付款申请书"上加盖"银行付讫"戳记。

7.出纳员以银行票据支付款项时,需要经手人在相关凭证上签收后,才能交付票据。其中,支票在"支票登记簿"进行签收,银行汇票、银行本票、商业汇票可在"付款申请书"上签收。

8.负责核算往来款项的会计人员,应当通过函证等方式,定期与供应商核对应付账款、应付票据、预付账款等往来款项。

第三节 销售与收款业务

销售业务是企业的主要经营业务之一,是企业收入的重要来源。企业应根据实际情况,对销售业务各环节的风险进行深入分析,制订、完善销售业务相关管理制度,规范销售业务处理流程,明确销售、发货、收款等环节的职责和审批权限,保证销售业务的有序进行,防范错误和舞弊。

一、销售与收款业务的内部控制

1.销售与收款业务的主要风险

销售与收款业务风险主要有以下三个方面:

(1)销售策略和政策不当,市场预测不准确,销售渠道管理不当等,可能导致销售不畅,库存积压,经营难以为继。

(2)过于激进的赊销政策,客户信用管理不到位,结算方式选择不当,账款回收不力等,可能导致销售款项不能收回或遭受欺诈。

(3)销售过程存在违规和舞弊行为,损害企业利益。

2.销售与收款业务的控制措施

为了防范销售业务的主要风险,实训公司制订了《信用管理程序》、《产品销售定价制度》及《发票管理制度》等,对销售业务的流程和审批权限进行规范,从赊销政策、价格、开票、发货、收款等环节对销售业务进行控制,主要的控制措施包括:

(1)由销售部、仓管、财务部等多部门参与完成销售、收款、发货等业务。

(2)建立销售预算管理制度,由销售部编制销售计划,以销定产,建立销售管理责任制。

(3)建立由总经理、主管销售副总经理、主管财务副总经理、销售部经理、财务部经理组成的信用管理小组,在对客户进行资信调查后,确定信用额度,下发给销售部、财务部执行。

(4)销售部根据销售订单、销售合同等开具销售结算单,经财务部审核后办理发货,财务部享有发货的一票否决权,严控客户信用额度的执行。

(5)建立由主管销售副总经理牵头,由销售部、计划部、采购部、制造部、财务部组成的产品定价小组,负责公司产品销售价格定价。

(6)销售部在公司定价基础上上浮10%统一对外报价,销售部人员在销售时有权执行公司最低价,销售价格低于最低价2个点需经销售部经理审批,销售价格低于最低价5个点需报请公司主管销售副总经理审批,销售价格低于最低价10个点需报请总经理审批。

(7)财务部严格按照发票管理规定开具销售发票。

(8)出纳收取的现金收入于当日送存银行,收到的银行票据要严格审查其真实性和合法性,防止票据欺诈。收到的商业汇票设票据夹,按到期日先后顺序整理,指定专人保管,到期及时办理收款。

(9)销售人员负责应收款的催收,建立销售回款考核制度。

(10)财务部月末向每个信用客户发出对账单,与客户进行应收款项核对,监督应收款回收。

二、销售业务流程

根据企业对销售业务的风险控制要求,会计人员应按以下流程处理销售业务:

(一)业务流程

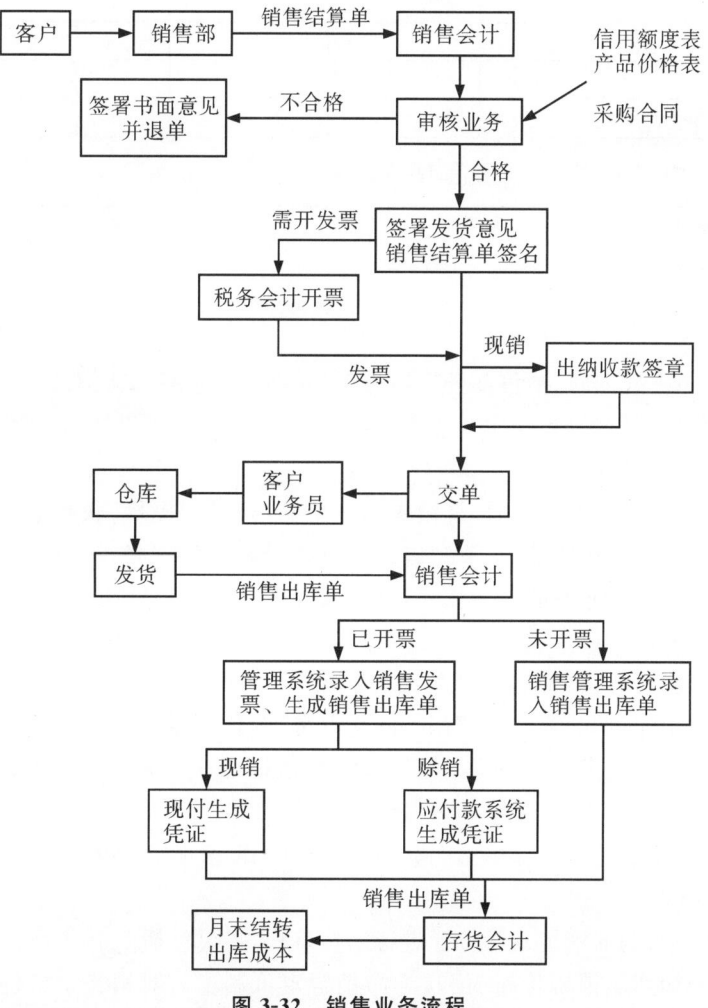

图 3-32　销售业务流程

(二)说明及注意事项

1.销售结算单

销售业务由销售部负责,客户与销售部门对销售业务达成一致,签订合同协议,确认销售订单后,销售部会开具销售通知,记载销售业务主要内容并据以办理发货、收款等事项,大多数企业会根据自身经营业务特点,自行设计印制合适的销售通知单,其格式、联次和传递流程会有较大的差异,实训公司的销售结算单如图3-33所示。

深圳市泰安科技有限公司销售、结算申请单

2012年12月04日　　　　　No:　0004896

购货单位: 北京科林电视设备公司　　　　地址、电话: 北京东四北大街204号
增值税号: 110108700216385　　　　　　　　　　　　010--64019958
　　　　　　　　　　　　　　　　　　　　　银行账号: 工行北新桥分理处04004198

产品名称规格型号	单位	数量	单价	金额
KF534T模块	块	500.00	50.50	25250.00
合计				¥25,250.00

第二联:财务

结算方式: 赊销,付款期二个月,需开具专用发票

销售经理: 王红发　　审核:　　开票:　　制单: 秦向荣

图3-33　销售结算单

销售结算单一式四联,销售部开出后留下第一联"存根联",将第二、三、四联交给客户或销售人员,据以到财务部、仓库办理相关手续。一般来说,零星销售由客户自行办理,批量销售可由销售人员办理。

财务部在办理了相关手续后,将销售结算单的第三联"提货"联和第四联交客户或销售人员,作为到仓库提货凭证,留下销售结算单第二联"财务"联,该单是销售业务的内部业务单据,不构成销售业务的原始凭证,财务部可按月将其分为"已开发票"和"未开发票"两类分别保管备查。

仓库根据财务部门签署后的销售结算单发货,并根据具体发货情况填写"销售出库单",并将"销售出库单"的第二联"财务"联交财务部,作为结转销售成本的原始凭证。仓库发货后,留下销售结算单第三联"提货"联,在销售结算单第四联标注发货信息交销售部。

销售部将传回的销售结算单第四联与第一联归齐,表明该销售业务执行完毕。

2.销售业务审核

销售会计对收到的销售结算单要进行严格审核,主要包括以下方面:

(1)根据公司产品销售价格表和《产品销售定价制度》,对销售价格的合规性进行检查,保证产品销售价格不低于底价,或低于底价的销售价格经过相应的审批。同时,也要

注意销售价畸高的单据是否存在问题。

要注意的是,公司产品销售价格表中销售价格有含税价和不含税价,根据销售业务的报价习惯,销售结算单中对需要开具增值税专用发票的企业客户,使用不含税价;对开具普通发票的小规模纳税人或个人,使用含税价。

(2)销售可以分为现销和赊销两种基本方式,现代经营中商业信用的广泛使用使得赊销成为各企业较为普遍采用的销售方式。

对销售结算单中标注为"赊销"方式的客户,根据账簿资料、客户信用额度表和《信用管理程序》,严格审查客户的信用额度,确保赊销符合信用管理规定。

以下任一情况出现,即表示该客户违反了信用管理规定:

一是本次发货金额加上未偿还应付账款之和大于客户的信用额度;

二是虽然本次发货金额加上未偿还应付账款之和小于客户的信用额度,但客户有逾期货款未付清。

(3)对需要开具增值税专用发票的客户,审查其一般纳税人资格,确认其已提交相关开票信息资料。

对以上项目检查无误的销售结算单,销售会计应在"审核"栏签名,对赊销业务,还需在销售结算单上签署明确的发货意见并签名,如图 3-34 所示。

图 3-34 销售结算单审核及签署发货

对以上项目在审核中发现问题的,会计人员应在销售结算单上标明具体问题,如图 3-35 所示(标明"超出信用额度,请查证处理。"),并将其退还客户或销售人员,由其自行处理,解决相关问题。

3.开具发票

(1)开票

会计人员应根据业务内容选择发票种类并如实、规范开具,严禁开具虚假发票。公司现有三种类型发票:

深圳市泰安科技有限公司销售、结算申请单

2012 年 12 月 04 日　　　　　　　　　　No: 0004895

购货单位：中国科健股份有限公司　　　地址、电话：福田彩田路联合广场B座6楼
　　　　　　　　　　　　　　　　　　　　　　　　　　0755--82900646
增值税号：440301192440560　　　　　银行账号：招行福田支行1280403710001

产品名称规格型号	单位	数量	单价	金额
K100座充	个	20000.00	40.50	810000.00
K100旅充	个	20000.00	34.70	694000.00
合计				￥1,504,000.00

第二联：财务

结算方式：赊销、月末开票、付款期三个月　　　超过信用额度，请查证处理。
　　　　　　　　　　　　　　　　　　　　　　　　　王德祥　　12.04

销售经理：　王红发　　审核：　　　开票：　　　　　制单：　李佳侬

图 3-35　销售结算单问题签署

①增值税专用发票。用于增值税应税商品或劳务销售业务，只能向增值税一般纳税人开具。现用的增值税专用发票一般有三联：第一联为"记账联"，是销货方的记账凭证；第二联为"抵扣联"，购货方用其来抵扣增值税进项；第三联为"发票联"，是购货方的记账凭证。

增值税专用发票必须通过防伪税控系统开具，增值税防伪税控系统是国家为加强增值税的征收管理而实施的国家金税工程的主要组成部分，由金税卡、IC 卡和读卡器等专用设备，计算机和针式打印机等通用设备，以及开票软件三部分组成。开票时，进入开票软件系统，设置好客户编码和商品编码，填写发票内容后，通过打印机将发票内容打印在从税务机关领购的空白发票上。

开具的增值税专用发票"发票联"和"抵扣联"必须加盖公司发票专用章，一并交给客户，"记账联"留存，作为公司销售业务的原始凭证。

②国税通用机打发票。用于增值税应税商品或劳务销售业务，向小规模纳税人或个人开具。国税通用机打发票需通过国税系统的普通发票开票软件开具，该开票软件目前在不同地区有不同版本，可以在主管国税局免费获取。通过开票软件，可以实现普通发票的防伪开具、报送查验以及与国税申报系统交互等功能，对普通发票使用过程的各个环节进行全面有效的控制。开票时，进入"国税局普通发票开票软件"填写发票内容，并使用针式打印机打印开具。

开具的国税通用机打发票"发票联"必须加盖公司发票专用章，"记账联"留存，作为公司销售业务的原始凭证。

③地税通用机打发票。用于营业税应税劳务销售业务，如公司出租房屋的租金收入、提供服务器网络托管业务等。地税通用机打发票需通过地税系统的开票软件开具，该开票软件目前在不同地区有不同版本，可以在主管地税局免费获取。开票时，进入"地税局普通发票开票软件"填写发票内容，并使用针式打印机打印开具。

开具的地税通用机打发票"发票联"必须加盖公司发票专用章,"记账联"留存作为公司相关业务的原始凭证。

(2)发票作废

会计人员在开具各类发票时,因填写、开具失误或者其他原因导致作废的发票,必须在开具发票的当月,首先在开票软件中作废,然后在各联完整的情况下用红笔注明"作废"字样,在领购新发票时交回税务机关验证核销。

(3)红字发票

会计人员开具的发票已跨月,或已将发票验旧、抄税、认证等,发生销货退回、开票有误等情形的,可开具红字发票冲销。其中通用机打发票可直接在开票系统中开红字发票,需开具红字增值税专用发票时,应先向主管税务机关报送"开具红字增值税专用发票信息表",并附报以下资料:

①"开具红字增值税专用发票信息表"(或"开具红字增值税专用发票申请单");

② 载有申请单信息的储存介质:金税盘或税控IC卡等。

随后,再依据"开具红字增值税专用发票信息表"开具红字发票。

(4)发票挂失

会计人员若不慎丢失发票,应先登报,并及时到主管税务机关办理挂失手续,接受税务机关的处理。挂失发票时一般需提交"发票挂失/损毁报告表"、公安部门受理报案的有关材料,以及刊登遗失声明的版面原件和复印件等资料。

4.销售收款

(1)对销售结算单中结算方式标注为"现销"的销售业务,需将销售结算单及发票等单据传递给出纳,由出纳据以收款。

(2)出纳员收取款项时,应以"先收款、后记账"为原则,即先收取款项,然后再在销售结算单各联上加盖"现金收讫"或"银行收讫"戳记并签名,如图3-36所示。

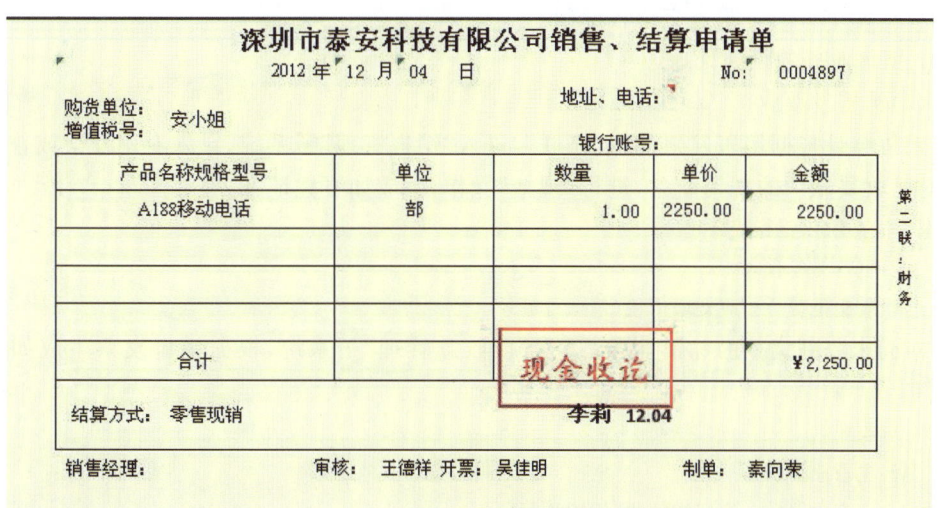

图3-36 出纳收款签章

(3)出纳员收款时要注意鉴别,谨防收到假币或虚假银行票据。收到的支票,在不确定对方信用的情况下,可待送存银行且款项实际到账后再确认收款、发货。随后在相关单据上签章,继而根据相关单据编制记账凭证,登记现金日记账。

(4)出纳员收到的现金销售收入应于当日送存银行,收到的银行票据应及时送存银行。

5.交单

销售会计、税务会计和出纳员在处理完以上销售业务后,需将销售结算单和销售发票各联分别交付、传递给相关人员:

(1)增值税专用发票的"发票联"和"抵扣联"、通用机打发票的"发票联",以及销售结算单的第三、四联,交给前来办理业务的销售人员或客户;

(2)各类发票的"记账联"交给销售会计,由其据以进行销售业务的账务处理,销售结算单第二联"财务"交给销售会计,由其负责按月分为"已开发票"和"未开发票"两类分别保管,月末,将已开发票的销售结算单装订备查,未开发票的继续留存,作为后继开具发票参照。

6.仓库发货

销售部门业务人员或客户凭财务部门签署后退回的销售结算单第三、四联至仓库办理提货。

根据公司《信用管理制度》规定,财务人员享有发货的一票否决权,仓库严格按财务部门在销售结算单上的签署内容办理发货。对于赊销业务,销售结算单上必须有销售会计"同意发货"的明确意见及签名;对于现销业务,销售结算单上必须有出纳员加盖的"现金收讫"或"银行收讫"戳记及签名,仓管人员才能据以发货。

仓库在发货时,需根据实际发货情况填写销售出库单,并将销售出库单中"交财务"联送交财务部门,将销售结算单"提货"联留存备查,将销售结算单第四联标注发货信息后连同销售出库单中的一联送交销售部门。

7.销售业务的账务处理

(1)销售发票

销售会计根据销售发票的"记账联",进入"销售管理"子系统,录入专用发票或普通发票,对已收妥款项的现销业务,进行"现结"操作,生成如下凭证:

借:库存现金(银行存款)
　　贷:主营业务收入
　　　　应交税费——应交增值税(销项税额)

对尚未收到货款的赊销业务,进入"应收款管理"子系统,根据销售发票生成如下凭证:

借:应收账款
　　贷:主营业务收入
　　　　应交税费——应交增值税(销项税额)

其中,收到商业汇票的,还需在"应收款管理"子系统通过"票据管理"功能增加票据,并据以生成如下凭证:

借:应收票据
　贷:应收账款
(2)销售出库单

销售会计根据销售出库单在"销售管理"子系统内录入或根据发票生成"销售出库单",并将纸质销售出库单分成已开具发票、未开具发票两类,对已开具发票的销售出库单进行"销售结算"操作,然后将销售出库单交存货会计保管。

月末,存货会计在"存货核算"子系统中对存货出库成本进行计价处理后,根据已开具发票的销售出库单,汇总生成如下凭证:

借:主营业务成本
　贷:库存商品

根据未开具发票的销售出库单,汇总生成如下凭证:

借:发出商品
　贷:库存商品

三、收款业务处理流程

销售与收款是紧密关联的经济业务,出纳员收取款项业务风险较小,因此,企业对收款业务的处理流程较为简单,如图3-37所示。

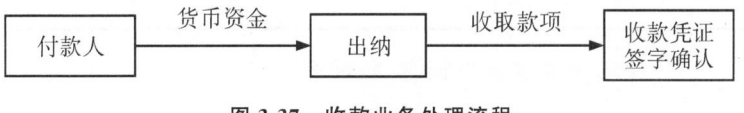

图3-37　收款业务处理流程

其中需要注意的是,出纳员在收取款项,特别是在收取现金后,一定要有相应的证据证明收、付款双方进行了款项交接,企业一般会采用以下方式:

1.预收及应收账款

根据销售合同约定,收到客户交来的预付账款或偿还前欠账款时,开具"收款收据",并由出纳员和经手人签名确认,注意在收款收据款项来源中标明"现金"或"支票"等具体内容,如图3-38所示。在收款收据第二联"客户"(付款人)上加盖公司财务专用章后交给付款人,收款收据第三联作为现金收款的原始凭证。对银行存款的收款业务,还需将银行收款凭证作为原始凭证。

应注意:

(1)收款收据是证明收、付款双方款项交割的书面凭证,一般多使用一式三联,可以作为收、付款双方款项往来的原始凭证,但不能作为收入或费用的原始凭证。

(2)发票是购销商品、提供或接受服务以及从事其他经营活动所开具和收取的业务凭证,凡涉及损益的项目,必须取得正式发票,否则不能在所得税税前列入,也就是常说的不能入账,但发票并不能证明账款的具体结算情况。

(3)企业收到经营业务账款以外的其他往来款项,如收取的包装物押金、供应商产品质量保证金等,应向其开具收据,不能开具发票。

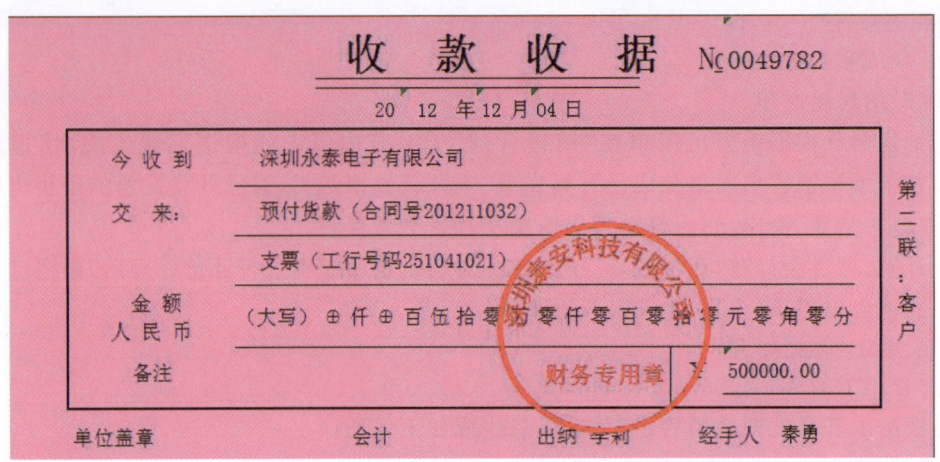

图 3-38 收款收据

(4)对银行存款的收款业务,在付款方不提出要求的情况下,也可以不开具收款收据,仅以银行收款凭证作为原始凭证。

(5)付款单位采用电汇、票汇、网上银行等方式,通过银行直接将款项汇入企业账号,此时,付款方会有汇出行的付款凭证作为付款证明,一般企业无须再提供其他收款凭证。但若付款方要求,企业应在确认款项到账后,向其开具收款收据,如图 3-39 所示。

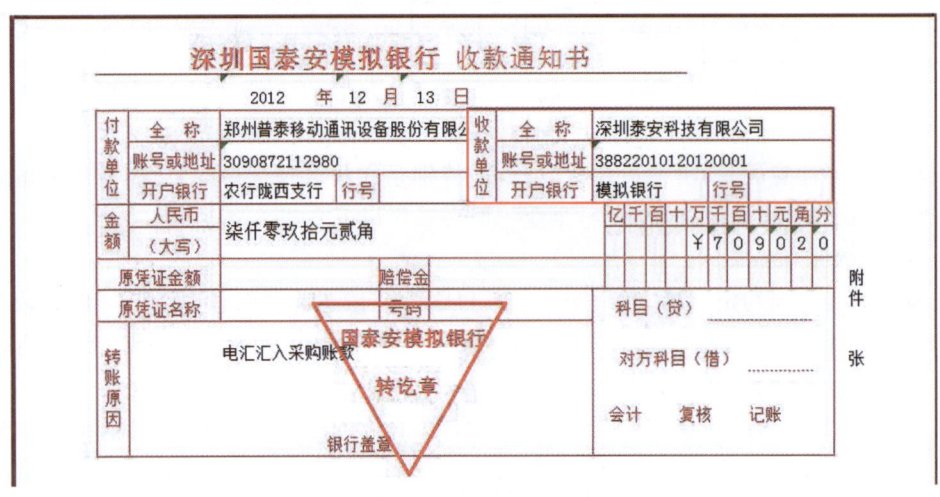

图 3-39 银行收款凭证

外单位汇入款项进账后,银行会将收款通知书放入企业回单箱。

银行收款凭证中收付款人信息较为清晰,但其中具体结算内容有时不够全面,会计人员可咨询相关业务人员确认具体结算科目,对确实无法确定来源的汇入款项,先记入"其他应付款",查明原因后再行处理。

(6)预收账款或收回前欠账款时,应根据现金收款收据和银行收款凭证,进入"应收款管理"子系统,录入"收款单",若为预收款项,根据"收款单"生成如下凭证:

借：银行存款
　　贷：预收账款
若为收前欠账款,则进行应收账款"核销"操作,并据以生成如下凭证：
借：银行存款
　　贷：应收账款

2.现销收款

现销时一般会向客户开具销售发票,客户交付款项换取提货凭证,出纳员一般会在提货凭证上确认收款,此时,企业大多不再提供其他收款凭证。

第四节　存货出入库业务

存货是企业重要的流动资产,品种、数量多,出入库频繁,企业应当采用先进的存货管理技术和方法,规范存货管理流程,明确存货取得、验收入库、仓储保管、领用发出、盘点处置等环节的管理要求,强化会计、出入库等相关记录,确保存货管理全过程的风险得到有效控制。

一、存货出入库的内部控制

1.存货管理的主要风险

存货管理的风险主要存在以下三个方面：

(1)存货核算与实物管理脱节,存货账簿资料失真,无法对实物进行有效的监控,不利于存货的安全完整。

(2)存货出入库手续混乱,存货保管不善,出现盗窃、贪污、舞弊等行为。

(3)存货积压或短缺,可能导致流动资金占用过量、存货价值贬损或生产中断。

2.存货出入库业务的控制措施

为了防范存货管理的主要风险,企业应制订相应的存货管理制度,规范存货管理流程,从入库、保管、出库等环节进行控制。主要的控制措施包括：

(1)建立存货管理岗位责任制,明确采购、生产、销售、财务和仓管等内部相关部门和岗位的职责权限,切实做到不相容岗位相互分离、制约和监督。

企业内部除存货管理、监督部门及仓储人员外,其他部门和人员接触存货,应当经过相关部门的授权。

(2)综合考虑企业生产经营计划、市场供求等因素,根据各种存货生产周期、采购间隔期和当前库存等,合理确定存货生产、采购日期和数量,确保存货处于最佳库存状态。

(3)经有效授权的外购存货才能验收入库,生产完工的产成品应及时办理入库手续。

必须对存货的数量、质量、技术规格等方面进行查验,验收无误方可入库。外购存货的验收,应当重点关注合同、发票等原始单据与存货的数量、质量、规格等是否一致;自制存货应当重点关注产品质量。

检验合格后,仓管部门按实际入库数量填写"收料单"或"产成品入库单"等入库凭证,并经采购部门、生产车间、仓库管理员和质检员等签字确认。存货入库凭证一式多联,财务、仓库、采购(生产车间)各一联,存根联按月装订后留仓库存档备查。

(4)建立存货保管制度,定期对存货进行检查,并注意:

①存货在不同仓库之间流动时应当办理出入库手续。

②存货应当按仓储物资所要求的储存条件贮存,并做好防火、防洪、防盗、防潮、防病虫害和防变质等规范管理。

③加强生产现场的材料、周转材料、半成品等物资的管理,防止浪费、被盗和流失。

④对代管、代销、暂存、受托加工的存货,应单独存放和记录,避免与本单位存货混淆。

⑤结合企业实际情况,加强存货的保险投保,保证存货安全,合理降低存货意外损失风险。

(5)明确存货发出和领用的审批权限,大批存货、贵重商品或危险品的发出应实行特别授权。

发出存货时,仓管部门根据实际发出数量填写"领料单"、"销售出库单"等出库凭证,并经仓管员和领料员、提货人等签字确认。存货出库凭证一式多联,财务、仓库、领用部门等各一联,存根联按月装订后留仓库存档备查。

明确存货报废及处置的程序及权限,报废时办理存货出库手续,填制"其他出库单"并经相关人员签字确认。

(6)建立存货盘点清查制度,结合本企业实际情况确定盘点周期、盘点流程等相关内容,核查存货数量,及时发现存货减值迹象。

盘点清查中发现的存货盘盈、盘亏、毁损、闲置以及需要报废的存货,应当查明原因,落实并追究责任,按照规定权限批准后处置。

(7)仓储部门应当详细记录存货入库、出库及库存情况,做到存货记录与实际库存相符;会计部门要及时对存货出入库业务进行核算,保证存货数据的准确;定期进行会计部门、存货管理部门存货数据的核对。

二、存货出入库业务流程

根据企业对存货出入库业务的风险控制要求,会计人员应按以下流程处理存货出入库业务:

(一)业务流程

1.外购存货入库与采购业务密切相关,处理方法详见采购业务流程。

2.存货销售出库与销售业务密切相关,处理方法详见销售业务流程。

3.原材料领用出库和产成品完工入库,与企业生产活动密切相关,仓管部门与生产车间及其他部门遵照企业存货相关管理制度,进行材料领用和产成品入库,一般不需要财务部门参与。会计人员只需在收到相关出入库单据时,检查单据内容齐全、手续完备且不违反公司相关规定后,据以进行存货出入库的账务处理。

(二)说明及注意事项

1.存货出入库价格核算

仓库管理部门负责存货的收、发、存。对其而言,最重要的是实物的安全完整,注重的是存货的数量核算。一般情况下,存货出入库的价格核算由财务部门负责,会计人员收到的仓管部门填列的出入库单据,可能只载明数量,而没有填列金额。这些出入库单据上的数量是准确可靠的,金额需要会计人员根据账簿资料并结合相关会计核算方法确定。应特别注意的是,这些出入库单据上即使填有价格,也不一定准确可靠,可能和会计中所指的价格指标存在差异,如外购存货入库单上,仓管部门按"采购发票"或供应商的"送货单"上的价格填列入库价格,该价格并未考虑和分摊外购存货的采购费用。因此,存货出入库单据上载明的价格只是参考,准确数据应以会计核算为准。

也有个别企业仓管部门人员素质较高,将全部或部分存货出入库价格核算工作置于仓管部门,由其负责按会计核算方法确定并在存货出入库单据中记载价格。

2.会计软件操作

(1)会计核算软件中,一般设置"存货管理"和"存货核算"两个子系统,其中"存货管理"系统侧重于存货的数量管理,存货出入库单据上只要具备数量指标,就可以满足该子系统的管理需要,在实务工作中可以将系统中的出入库单据录入权限赋予仓管部门,以减少财务部门的单据录入工作量。

(2)"存货核算系统"对存货数量、金额进行核算,可以通过相关核算操作,最终确定存货出入库的价格。应注意系统对各类存货出入库单据的价格确定方法,正确执行操作,以保证存货出入库核算数据的准确性。以用友软件为例:

①外购存货入库单,可以不录入价格,在"采购管理"系统中对"采购发票"、"运费发票"和"外购入库单"进行采购结算时,系统自动按实际采购成本在外购入库单中回补价格。即使填写外购入库单时填入了价格,或外购入库单根据采购发票生成时,系统自动写入了发票价格,执行采购结算时,系统也会按实际采购成本对其进行修改,但前提是该张外购入库单并未在"存货核算"系统中进行"记账"操作;如果该外购入库单已在"存货核算"系统中进行了"记账",则系统以该单中填写的价格为准,由此可能造成外购入库成本核算数据的差异。因此,为了保证外购存货入库成本准确性,对已取得发票账单的存货,应在进行采购结算后再记账;未取得发票账单的存货,在月末采用暂估入库记账。

②产品入库单和其他入库单需录入价格,否则"存货核算"系统无法记账。系统以录入价格为入库价格。

③存货出库单原则上不需录入价格,在进行"记账"操作后,系统自动按设置的发出存货计价方法确定并回填出库单价格。如果在录入的出库单上输入了价格,系统以录入价格为出库价格,不受库存存货成本及设置的发出存货计价方法影响。

(3)发出存货计价方法设置为"先进先出法"和"移动加权平均"法时,出入库单据在"存货核算"系统中的"记账"操作顺序,应按其实际出入库时间顺序进行,否则,可能造成存货出库成本的差异。

第五节　固定资产业务

　　固定资产是企业重要的长期资产,在企业资产总额中所占的比重较大,其折旧、维修和改良等直接影响企业当期损益,企业应当建立、健全固定资产业务循环的内部控制,确保固定资产的增加、使用维修、退出和折旧等业务的有序进行,保证固定资产业务会计记录的真实、可靠,不断提升固定资产的使用效能。

一、固定资产业务的内部控制

　　1.固定资产管理的主要风险
　　固定资产管理主要存在以下风险:
　　(1)固定资产购买、建造决策失误,违反国家法律法规,造成企业资产损失或资源浪费。
　　(2)固定资产业务未经适当审批或超授权审批,造成重大差错、舞弊、欺诈而导致资产损失。
　　(3)固定资产使用、维护不当和管理不善,更新改造不够,资产使用效率低下,造成资产损失。
　　(4)固定资产处置不当,造成资产损失。
　　(5)固定资产会计处理和相关信息不真实、完整、合规,资产账实不符,造成会计信息失真及资产损失。
　　2.固定资产业务的控制措施
　　为了防范固定资产管理的主要风险,企业应制订相应的固定资产管理制度,对固定资产增加、使用、保管、更新改造、折旧和处置等业务流程进行规范,确保固定资产业务全过程得到有效控制。主要的措施包括:
　　(1)建立固定资产业务岗位责任制,明确相关部门和岗位的职责权限,切实做到不相容岗位相互分离、制约和监督。
　　固定资产业务不相容岗位至少包括:固定资产投资申请与审批;固定资产投资审批与执行;固定资产采购、验收与款项支付;固定资产投保的申请与审批;固定资产处置的审批与执行;固定资产的取得与处置业务的执行以及相关会计记录。
　　(2)建立严格的固定资产业务授权批准制度,明确授权批准的方式、权限、程序、责任和相关控制措施,规定经办人的职责范围和工作要求。
　　(3)建立固定资产请购与审批制度,明确请购部门(或人员)和审批部门(或人员)的职责权限及相应的请购与审批程序,将外购固定资产纳入采购业务管理范围。
　　由固定资产管理部门、使用部门及相关部门共同实施严格的固定资产交付使用验收,确保固定资产数量、质量等符合使用要求。
　　(4)根据国家及行业有关要求和自身经营管理的需要,制定固定资产目录,对每项固定资产进行编号,按照单项资产建立固定资产卡片,详细记录各项固定资产相关信息。

(5)加强固定资产的日常管理工作,定期对固定资产进行维护保养,固定资产的大修和改造应经过审批。对于未使用、不需用或使用不当的固定资产应及时进行处理,以保证固定资产的安全与完整,提高固定资产的使用效率。

(6)依据国家有关规定,结合企业实际经营情况,确定固定资产折旧政策,及时进行固定资产的折旧处理。

(7)建立固定资产处置的相关制度,确定固定资产处置的范围、标准、程序和审批权限,关注固定资产处置中的关联交易和处置定价,防范资产流失。

(8)建立固定资产清查制度,定期对固定资产进行盘点,保证账实相符。

二、固定资产业务流程

根据企业对固定资产业务的风险控制要求,会计人员应按以下流程处理固定资产相关业务,如图3-40所示。

(一)固定资产增减变动业务流程

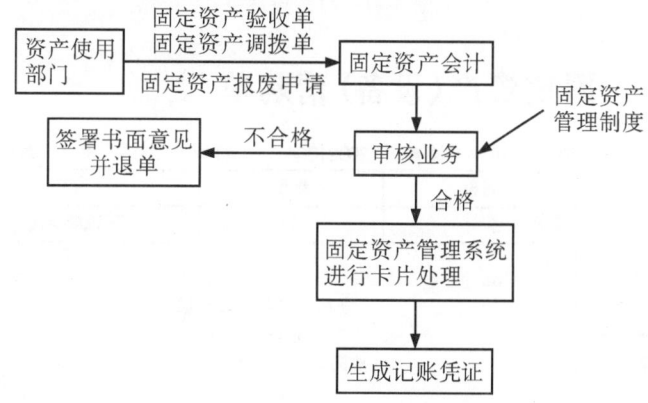

图3-40 固定资产业务流程

(二)说明及注意事项

1. 外购固定资产业务

前已述及,企业外购固定资产应纳入采购业务管理范围,即按采购业务的处理流程进行固定资产采购报销和对外付款的处理,具体详见本章第二节采购业务处理部分。当其完成购建过程,取得"固定资产验收单"时,再按以上流程进行后继处理。

在按采购报销和对外付款流程处理固定资产外购业务时,还应注意:

(1)根据公司《采购管理制度规定》,外购固定资产必须由请购部门填写"固定资产(设备)请购单"并经过相关部门领导审批。

采购人员在办理报销和申请对外付款时,必须提供"固定资产请购单",采购价格超过

1万元的固定资产，还应提供相应的采购合同，否则不予报销或对外付款。采购会计应根据该请购单及采购合同等，确定相关业务是否准予办理。

例如，行政管理部彦涛填写如图3-41所示的“付款申请书”申请付款，并提供了“固定资产请购单”和销售合同，如图3-42、3-43所示。

付款申请书

2012 年 12 月 06 日

深圳市统一会计凭证账簿系列　深财监制立信印刷厂

收款单位	深圳龙业汽车贸易有限公司				
账　　号	1003205842112588		开户行	中行福田支行	
付款方式	支票☑	电汇☐	信汇☐	票汇☐	现金☐
品　　种		数　量		单　价	
金　　额	(大写) ⊕佰 壹拾 叁万 叁仟 陆佰 零拾 零元 零角 零分 ￥				133600.00
备　　注	1.				
	2.				

单位主管　　　　审核　　　　经办　彦涛

图 3-41　付款申请书

固定资产（设备）请购单

申请部门：　行政管理部　　编号：　20021004　　日期：　2012　年 11 月 19 日

No.	名称	数量		价格
1	金杯轻客	1		￥124600.00
规格型号性能参数及配置	金杯 SY6480A1B-ME 七座轻客 （沈阳华晨金杯汽车有限公司）			
申请原因及用途	因各部门对外公务用车需要，配备行政管理部管理，全公司调配使用。			
申请部门经理	朴相良 2012.11.21		申请人	彦涛
总经理： 同意 王伟 12.11.27	财务部： 请于12月安排付款事宜。 易明 2012.11.24	计划部： 同意 宋利 2012.11.23		采购部： 意向供应商：深圳龙业汽车贸易公司 因人员及资产特点原因，请行管部自行办理采购事宜。 郑向阳　2012.11.23

图 3-42　固定资产请购单

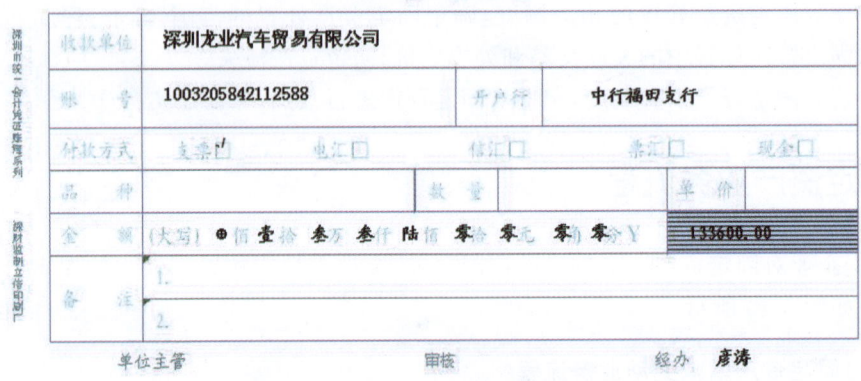

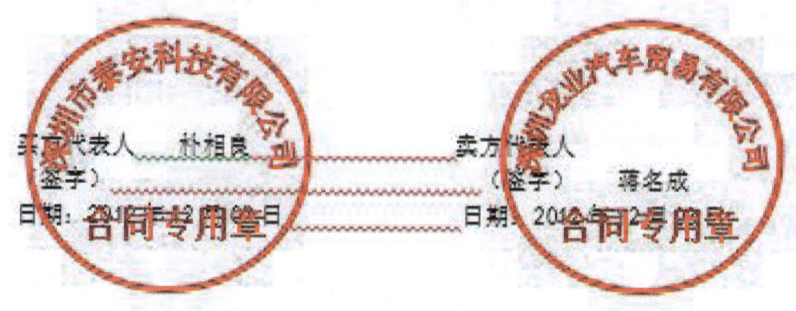

图 3-43 汽车销售合同

可以看出,固定资产使用部门提出了购建申请并经过必要的审批,行政管理部被授予具体办理,符合固定资产购建相关规定。根据汽车销售合同,公司应先予以付款才能取得相关发票单据,会计人员对采购人员的付款要求应予以办理。

"固定资产请购单"中的价格是采购固定资产的预计价格,实际采购价格与其可能会有出入,一般来讲,实际价格与预算差异在合理范围内可以接受,但实际价格与预算价格存在较大偏差时,应说明原因,必要时应通过相关部门领导审批。

本笔采购业务中的价格差异显然在询价与实际交易的正常波动范围内,因此,该"付款申请书”根据付款金额和审批权限，在经过行政管理部经理朴相良、部门主管领导王伟、财务经理和财务总监易明审批后，可以对外付款。注意该“付款申请书”上总经理王伟主管行政管理部，作为业务部门主管领导身份审签，是对付款的业务控制，所以其签字顺序在付款申请部门经理朴相良之后。若付款金额超过 20 万元，总经理王伟需要以业务部门主管领导和公司领导两个身份分别进行业务和财务控制，此时，一般只需王伟进行一次审签，但顺序放在财务总监审签之后。

“固定资产请购单”作为原始凭证保存，销售合同退还给采购人员据以执行相关业务。

从汽车销售合同可以看出，公司支付的款项包括汽车价款、车辆购置税、上牌费用及车辆保险费等，其中部分需汽车销售企业支付给第三方后，才能取得并转交相关单证，因此，对此支付款项，记入预付款项处理较为妥当。

(2)会计人员对固定资产购建过程中发生的各项支出，应准确划分资本性支出和收益收支出，及时归集固定资产购建成本。

例如上述固定资产采购业务，采购人员彦涛持发票等单据报销购车款项，如图 3-44、3-45、3-46、3-47、3-48 所示。

机动车销售统一发票

发 票 联

开票日期 2012/12/6　　　发票代码 144031324160　发票号码 00188237

机打代码 机打号码 机器编号	144031324160 00188237 929900322770	税控码	46>5-5738<6*5954/4/1 46>5-5738<6*5954/4/1 5954/4/1 46>5-579758<-54/-,,2940*8+044030 >58-<95*22485>775954/4/1 46>5-5711332/4/1 /4/1-1824>8>>2431</+5>>+//4/15-5738<6*59		
购买方名称及身份证号码/组织机构代码	深圳市泰安科技有限公司	纳税人识别号	440319224465183		
车辆类型	多用途乘用车	厂牌型号	金杯sy6480A1B－ME	产地	沈阳
合格证号	1121639	进口证明书号		商检单号	
发动机号码	XG491Q-ME.634165	车架号码/车辆识别代码	LSYKFTCSX1K061343		
价税合计	⊕壹拾壹万肆仟伍佰柒拾伍元整		小写￥114575.00		
销售单位名称	深圳市龙业汽车贸易有限公司	电话	83704548		
纳税人识别号	440301279447028	账号	1003205842112588		
地　　址	福田[illegible]二村16栋	开户银行	中国银行深圳福田支行		
增税税税率或征收率	17%	增值税额	¥16,647.65	主管税务机关及代码	深圳市福田区国家税务局 144030400
不含税价	小写￥97927.35	吨位		限乘人数	5

销货单位：（章）　　　开票人：　罗桂芳　　　备注：一车一票

第一联：发票（购货单位付款凭证）

图 3-44　购车发票发票联及抵扣联

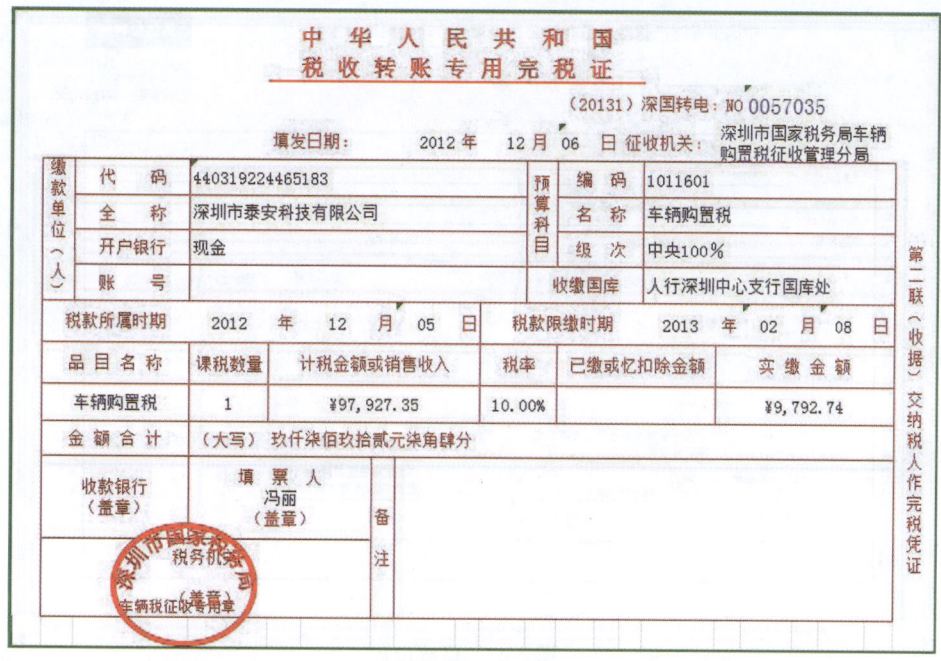

图 3-45 购置税

图 3-46 保险(1)

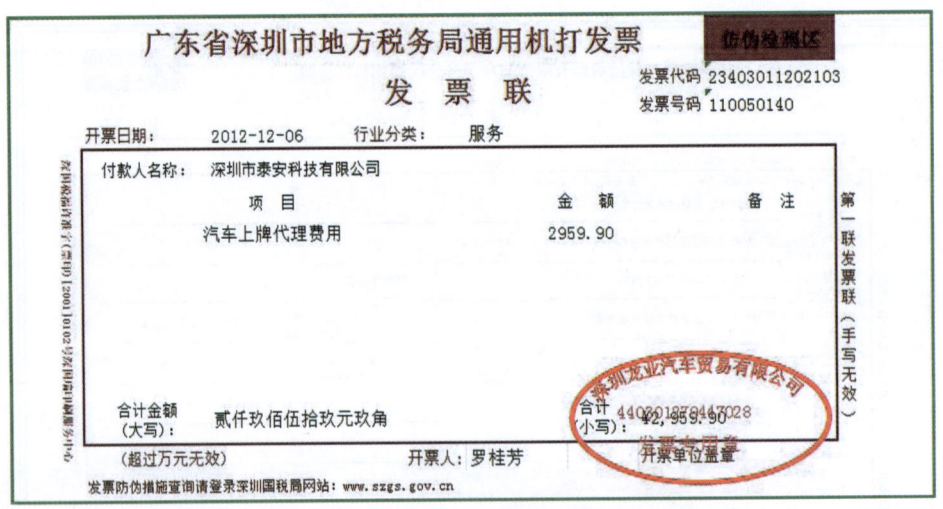

图 3-47 保险(2)

图 3-48 上牌代理发票

①以上各项支出中,外购资产的购买价格中包含的增值税进项税额,应注意按最新抵扣政策进行处理。根据财政部、国家税务总局 2013 年发布的《关于在全国开展交通运输业和部分现代服务业营业税改征增值税试点税收政策的通知》中的相关规定,从 2013 年 8 月 1 日起,增值税一般纳税人自用的应征消费税的摩托车、汽车、游艇,其进项税额准予从销项税额中抵扣,但必须取得防伪税控系统开具的机动车销售统一发票。根据财政部、国家税务总局 2016 年发布的《关于全面推开营业税改征增值税试点的通知》中的相关规

定,自 2016 年 5 月 1 日起,企业购入不动产的进项税额准予从销项税额中抵扣。

因此,采购人员提交的购车发票中价款记入固定资产原值,增值税记入"应交税费",不构成固定资产的购建成本。

购入机动车缴纳的车辆购置税,属于合理必要的采购费用,应记入固定资产原值。

购入机动车购买的保险,包括交强险和商业险两部分,虽然车辆保险,尤其是交强险是车辆上路行驶的必要条件,但它是按年购买,其受益期仅为一年,因此,不属于资本化支出,不能将其记入固定资产原值,应将其记入"长期待摊费用",按月进行摊销。同时注意,在交强险保单中,还包括代征的本年度车船使用税,该项支出应记入"管理费用"。

车辆上牌而发生的各项费用,属于为达到预计使用用途而在固定资产购建过程中的合理必要支出,应予以资本化,记入固定资产原值。

②采购人员报销时,应填写"费用报销单",为了便于查证和账务处理,在"费用报销单"上不能简单地将各单据金额加总填列,而应按各项支出应记入的科目分类、汇总填列,如图 3-49 所示。

费用报销单

用 途	金 额(元)
购汽车及附加税费	110679.99
购汽车增值税	16647.65
购汽车交强险及商业险	6237.36
购汽车车船使用税	35.00
合 计	¥133600.00

报销部门:行政管理部　2012 年 12 月 07 日填　单据及附件共 5 页

备注:属实,同意报销。朴相良 12.7　　同意报销 王伟 12.7

领导审批:同意 财务经理 12.07　　同意 易明 12.07

金额大写:壹拾叁万叁仟陆佰零拾零元零角零分　原借款:／元　应退余款:／元

会计主管　　会计 王德祥　　出纳　　报销人 廖涛　　领款人

图 3-49 费用报销单填列

根据费用报销审批权限,该"费用报销单"在经过行政管理部经理朴相良、部门主管领导王伟、财务经理和财务总监易明审批后,可以报销并进行相应的账务处理。

(3)新增的各项固定资产以"固定资产验收单"为购建完成的标志,如图 3-50 所示。

在固定资产未完成购建前所发生的相关必要资本性支出,在"总账"系统中通过"在建工程"科目归集。另外,目前大多数财务软件"固定资产管理"子系统无法处理固定资产购建过程中可以抵扣的进项税额,对涉及进项税额抵扣的固定资产购建业务,也需要以"在建工程"科目为过渡,对固定资产购建成本和可抵扣进项税额进行正确的账务处理。

(4)会计人员收到"固定资产验收单",首先要根据公司固定资产管理的相关规定,对新增固定资产进行审核,审核无误后,据以进入"固定资产管理"子系统,根据实际购建成本,增加固定资产卡片,并据以生成如下凭证:

深圳市泰安科技有限公司固定资产验收入库单

编号：20121201

2012 年 12 月 12 日			入帐时间：12 月 12 日		
资产编号		资产类别	运输工具	使用方向	公务用车	单位	辆
资产名称	金杯七座轻客	数量	1	单价		金额	
型号	SY6480A1B-ME	技术指标	发动机号：XG491Q-ME.634165 车架号：LSYKFTCS1K061343		
资产附件	名称		数量		单价	金额
验收合格日期	2012.12.12	出厂日期		供货商	深圳市龙业汽车贸易有限公司
单据号	发票0112043		备注		

验收人：于波　　　　经手人：蒗涛

第二联　财务

图 3-50　固定资产验收单

　　借：固定资产
　　　　贷：在建工程——某工程

在建立固定资产卡片时，可参考国家质量监督检验检疫总局、中国国家标准化管理委员会联合发布的《固定资产分类与代码》(GB/T14885－2010)，结合自身行业特点和经营管理的需要，采用 2222 四级 8 位编码，对固定资产进行编码管理。

固定资产完成购建投入使用时，还应填制"固定资产领用单"，会计人员审核无误后，据以确认固定资产卡片中的资产使用状态和折旧费用科目。

(5) 固定资产使用和保管权在公司内部进行转移，应填写"固定资产调拨单"，并按公司固定资产管理相关规定经调入、调出部门等相关领导审批，如图 3-51 所示。

会计人员收到"固定资产调拨单"，根据公司固定资产管理的相关规定，对固定资产调拨进行审核，审核无误后，据以进入"固定资产管理"子系统，进行固定资产卡片变动处理，以正确核算该固定资产的折旧。

(6) 固定资产报废时，使用部门应填写"固定资产报废申请表"，并按公司固定资产管理相关规定提交给有关部门及领导审批。

会计人员收到"固定资产报废申请表"，根据公司固定资产管理的相关规定，对固定资产报废是否经合法授权审批进行审核，审核无误，进入"固定资产管理"子系统，进行固定资产减少的处理，并生成如下记账凭证，将报废固定资产转入清理：

　　借：固定资产清理
　　　　累计折旧
　　　　贷：固定资产

深圳市泰安科技有限公司固定资产调拨单

编号：20121201

2012 年 12 月 12 日

调出部门	行政管理部			调入部门		销售部		
调拨原因	行政管理部新购置小汽车一部，因销售部业务需要，将原行政管理部统一调配使用的捷达小汽车，调配给销售部自行管理使用。							
调拨资产明细								
序号	资产编号	名称	规格	购置日期	预计使用年限	已使用年限	原值	已提折旧	月折旧额
1		捷达粤 B-T3739		2011.9	10	1	185000	31635	0.35/公里
2									
3									
4									
调出部门	朴相良 12.12			调入部门		王红发 12.12		
主管领导	调出部门 王伟 12.12			调入部门 陈冬 12.12		财务部门 吴佳明 12.12		

经手人： 彦涛 12.12   李佳侬 12.12

图 3-51　固定资产调拨单

相关部门对固定资产进行清理，对清理中取得的收入和发生的费用等单证资料，应及时送交会计部门，会计人员审核无误后，在"总账"系统中编制记账凭证，清理完毕后，结算"固定资产清理"账户，将其余额转入营业外收支，反映固定资产清理中的损益，同时将该固定资产卡片归入会计档案，对该项固定资产进行核销。

根据《企业资产损失税前扣除管理办法》（国家税务总局公告 2011 年第 25 号），固定资产清理中发生的损失，需按规定的程序和要求向主管税务机关申报后方能在税前扣除。未经申报的损失，不得在税前扣除。其中，按公允价格销售、转让、变卖固定资产的损失，固定资产达到或超过使用年限而正常报废清理的损失，采用清单申报方式；清单申报以外的损失，如处置价格不公允，与免税收入有关资产处置，以及固定资产非常损失等，采用专项申报方式。

企业在进行所得税年度汇算清缴申报时，应将固定资产清理损失申报材料和纳税资料作为企业所得税年度纳税申报表附件报送。对属于清单申报的损失，按会计科目进行归类、汇总，编制提交"企业资产损失税前扣除清单申报汇总表"，有关会计核算资料和纳税资料留存备查；属于专项申报的损失，逐项（或逐笔）报送"资产损失专项申请报告表"，并附送会计核算资料及其他相关的纳税资料。

（三）固定资产折旧处理

固定资产折旧计提属于会计部门自主业务，一般会将其作为期末账务处理的内容之一，会计人员在每个会计期间，应根据本公司固定资产的计提范围和折旧方法，准确计提当月固定资产折旧。

固定资产上月发生的增、减、变动,才会影响当月固定资产折旧,因此,会计人员在计提折旧时,一般以上月折旧额为基础,逐个计算上月增、减、变动的固定资产月折旧额,据以对上月折旧额进行调整,并编制"固定资产折旧计算表",作为编制固定资产折旧计提会计分录的依据。

在财务软件中,一般不限制固定资产折旧计提操作时间,并允许在一个会计期间内多次计提折旧,但只能根据折旧计算表生成一张计提折旧的记账凭证。当公司固定资产有采用工作量法计提折旧时,需要提供该资产的当月工作量,此时,固定资产折旧计提只能在月末进行。

第六节 费用报销业务

费用报销业务是企业常见的经济业务,单笔金额一般不是很大,但种类、数量繁多,容易出现各种问题,其中部分费用项目更是贪污、舞弊和违规套取资金的高发区,企业应根据费用报销业务可能存在的各类问题,制订、完善费用报销制度,对企业的各项费用进行有效监督和控制,保证费用支出的真实合理。

一、费用报销业务的内部控制

1.费用报销业务的主要风险

费用报销业务主要存在以下方面的风险:

(1)不合理、不合规的费用开支。以真实发票报销不合理费用,相关人员不认真履行审核职责,违规审批,对不符合报销制度的费用开支予以报销。

(2)不真实的费用开支。与费用相关的活动并未实际发生,以提供个人发票、非正规发票、虚假发票、伪造、涂改发票,模仿签名审批等方式,捏造费用支出项目,以多报费用,套取资金。

(3)费用列支项目错误。对费用的分类归属不当,会计信息错误,预算与执行不匹配,预算控制失效。

(4)费用报销不及时。费用报销滞后,会计信息失真,影响利润及所得税计缴。

2.费用报销业务的控制措施

为了防范费用报销业务的主要风险,实训公司制订了《资金支付和费用报销暂行规定》,对费用的报销流程和审批权限进行规范。主要的控制措施包括:

(1)对各项费用的报销经办、批准、审核、审计检查等不相容职务进行分离。

(2)建立费用预算制度,对各项费用在总额预算的基础上进一步拆分细化到部门、个人,并严格执行费用预算,对预算内的费用或付款优先审批支付,对超过预算的费用或付款进行更严格的审批。

(3)完善审批流程,区分常规业务、专管业务和特别授权业务,制订各项业务报销流程,明确流程中各岗位权限范围、审批程序和相应责任;对重大事项实行集体决策审批或者联签制度;严格执行审签等级制度,任何级别的业务人员不能审签自己的费用,以级别最高的业务人员来报销费用。

(4)建立费用审批人员签字样本,供会计人员审核时比对。

(5)对费用进行事后控制和分析。定期将报销费用汇总分析,报告给相关主管领导,及时发现不合理和异常费用。

二、费用报销业务流程

企业各项费用发生后,业务经办人员应尽快持发票等单据,到会计部门办理费用报销手续,根据实训公司的相关规定,会计人员应按以下流程来处理:

(一)业务处理流程

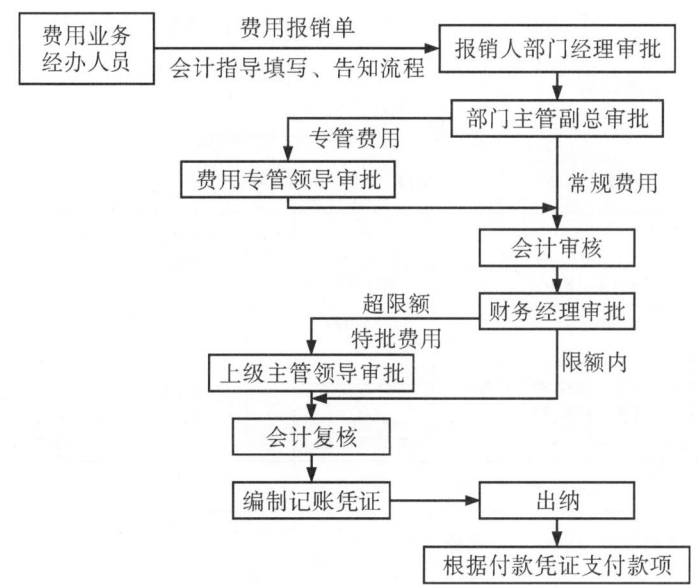

图 3-52　费用报销业务流程

(二)说明及注意事项

1."费用报销单"的填列

企业除差旅费外,其他费用报销需由报销人填写"费用报销单",并在"报销人"栏签名,"费用报销单"应使用黑色或蓝色墨水笔填写,字迹工整清晰,各栏目内容齐全,大小写金额一致、规范。当报销涉及不同的费用项目时,会计人员应指导报销人员按费用项目分行填写,如图 3-53 所示;当报销的一项费用涉及多个费用科目时,会计人员应在费用报销单上对报销费用按科目进行分解、标注,如企业负担的电费,应按一定的分配方法分配记入不同费用科目,报销时应注明分配对象、标准及金额,如图 3-54 所示,以便于进行后继账务处理和查证。

费 用 报 销 单

报销部门：销售部　　2012 年12 月20日填　　单据及附件共26页

用途	金额（元）	备注	同意报销 陈冬 会计 12.20
王红发交通费	260.00		
王红发报销售部业务招待费	2460.00		
秦向荣北京招待杭州客户 800 销售部商品洽谈会招待 1660		领导审批	同意 吴佳明 12.20　同意 易明 12.20
合计	￥2720.00		
金额大写：⊕拾⊕万贰仟柒佰贰拾零元零角零分		原借款：2000.00元	应退余款：￥720.00 补付 现金付讫

会计主管　　会计 王德祥　　出纳 李莉　　报销人 王红发　　领款人 王红发

深圳市统一会计凭证账簿系列　深财监制 立信印刷厂

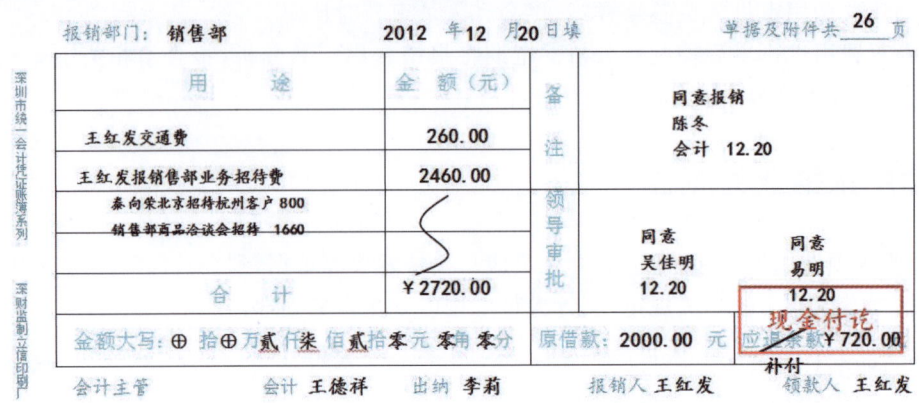

图 3-53　多个费用项目的费用报销单

费 用 报 销 单

报销部门：行政管理部　　2012 年12 月18日填　　单据及附件共2页

用途	金额（元）	备注	同意 朴相良 12.18　同意 王伟 12.18
12月电费（员工负担）	704.73		
12月电费（公司负担）	34356.09		
制造部 23491.34 (80%) 行政管理部 5872.84 (20%) 增值税进项 4991.91		领导审批	同意 财务经理 12.18　请会计部在费用报销单上列明公司电费的分摊部门及金额。易明 12.18
合计	￥35060.82		
金额大写：零拾叁万伍仟零佰陆拾零元捌角贰分		原借款：　元	应退余款：　元

会计主管　　会计 王德祥　　出纳　　报销人 彦涛　　领款人

深圳市统一会计凭证账簿系列　深财监制 立信印刷厂

图 3-54　多个费用科目的费用报销单

费用报销单金额填写错误时，应作废重新填写，其他项目填写错误，可以采用划线更正法更正。

2.报销单据的粘贴

业务经办人员报销各项费用时，应提供相关发票或单据作为“费用报销单”的附件。其中，有实物的报销单据如购买零星办公用品的发票，应列出实物明细表并由验收人验收后在发票上签名确认。

各类报销单据，应按费用项目、单据种类、大小、时间等进行分类整理，使用胶水、票面朝上粘贴在“报销单据粘贴单”上，不得使用回形针、大头针、订书钉等易腐蚀材料固定。票据粘贴应平整，不遮盖左边装订线，粘贴后不能超过粘贴单的范围，对过宽过长的单据，粘贴后应以粘贴单大小为界，一次或多次向上、向左折叠在粘贴单范围内，其中最后一次向上折叠部分左下角应三角对折，以避开装订线，便于翻开查阅。

附件单据大小不一、数量众多时，应按"从大到小、从右往左、从下往上"的原则，粘贴在"报销单据粘贴单"上，如图 3-55 所示，注意每张单据均粘贴在粘贴单上，以防脱落散失，粘贴后每张报销单据均应部分可见，以便于清点、防止遗漏。

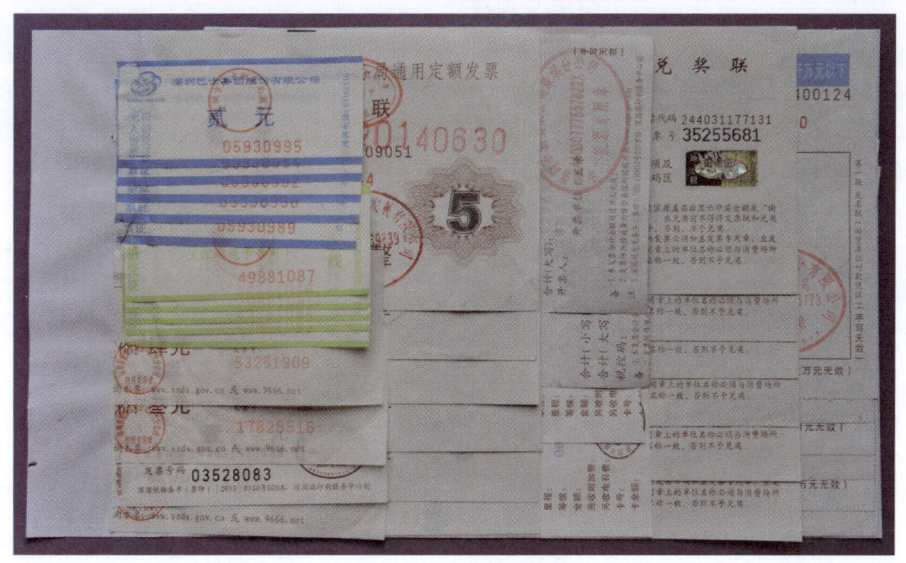

图 3-55　报销单据粘贴

粘贴好的"报销单据粘贴单"，用胶水将左上角粘贴在"费用报销单"后面，在"费用报销单"上标明所附单据的数量，办理后继手续时"费用报销单"和"报销单据粘贴单"一并传递。

3.费用报销的业务审批

"费用报销单"须经相关领导审批后才能报销，从公司《资金支付与费用报销暂行规定》中对费用报销审批权限的规定可以看出，对"费用报销单"的审批，可以分成两个方面：业务审批和财务审批。其中，业务审批是根据企业经营的需要，对费用业务的真实性、必要性进行控制。具体审批权限如下：

(1)常规费用

根据公司规定，所有费用项目报销，首先必须经报销人所在部门领导和主管该部门的公司领导审批。例如，采购人员报销费用时，必须经部门经理郑向阳和部门主管副总经理安博勇审核同意；销售人员报销费用时，必须经部门经理王红发和部门主管副总经理陈冬审核同意；行政管理部人员报销时，必须经部门经理朴相良和主管领导王伟审核同意。他们主要从业务角度，对费用报销进行如下检查和控制：

①费用产生的原因及真实性。

②费用的合理性、必要性。

③费用是否在本部门的预算控制内。

④票据及单据的齐全、规范性。

若发现不符合要求,立即退还给相关报销人员重新整改提报。

(2)专管费用

某些费用项目,公司有专门的管控部门,对于这些费用报销,除了报销人所在部门领导和主管该部门的公司领导审批外,还必须经费用专管部门领导审批,如:

①研发、测试等发生的通信费用必须经计划部经理签字同意。

②车辆使用中的有关费用,包括:车辆保险费、车辆维修费、停车费、汽油费、过桥过路费等必须经行政管理部经理签字同意。

③员工工资、保险、员工福利、特种津贴、培训费、员工离职工资、大学生毕业分配差旅费及其他各项薪酬费用必须经人事部门(行政管理部)经理签字同意。

④生产、研发部门因工作所需而购买的技术资料应经行政管理部经理批准。

通过他们的审批,对专项管理费用进行管控,使之合理、合规。若发现不符合要求,立即退还给相关报销人员重新整改提报。

4.会计审核

会计人员对"费用报销单"的审核主要包括以下内容:

(1)报销单填列是否符合要求

检查"费用报销单"各项内容是否齐全规范,核对大、小写金额是否相符。

(2)是否符合报销要求和标准

①根据公司规定,某些费用只有指定部门和指定人员才可以报销,如:业务招待单据只能由各部门经理统一填报,其他人员一律不得填报。办公用品由行政管理部统一购买,其他各部门不得直接购买办公用品,需要时由部门经理签字、行政管理部经理审批后,到库房领取。各部门需要订阅报纸、杂志、书籍,由行政管理部汇总,报总经理批准后,统一订购。

②某些费用报销时,有特别的细节要求,如:业务招待费报销时,须逐项说明理由。市内交通费用报销时,乘坐公共交通工具的,根据车票实报实销,需填写明细表,列明公务起止地点、时间、事由、证明人;在工作时间如遇公务车安排紧张,必须乘坐或租用外单位车辆,应写明过程、原因。通信补助必须经申请、审批,并列入通信费报销标准备案表。

③某些费用设有报销限额标准,报销时应在限额内按实报销,例如某员工通信费报销核定标准为每月300元,如果其提供的通信费发票上金额为200元,小于核定标准,则据实按200元报销;如果其提供的通信费发票上金额为400元,大于核定标准,则按核定标准300元报销。

④公司对部分费用规定了报销期限,如因公出差、开专业会议而借款的,应在返回公司、会议结束后五个工作日内报账;因零星采购和其他专项而借款的,应在事毕后三个工作日内报账。业务人员应在规定的期限内办理费用报销。

对于大多数费用,只要求业务人员于费用发生后及时办理费用报销,并未规定明确的报销时限,企业应根据实际情况,在费用报销制度中对此进行明确,以便于会计人员执行。一般来讲,对于跨月不跨年的费用,财税部门的监管相对较松,但对于跨年费用往往口径较紧,企业在年度所得税汇算清缴时应对大额跨年费用作适当调整,使其符合权责发生制原则。

(3)单据或票据是否符合财务规范要求

会计人员应检查票据是否真实、合法、合规,粘贴是否牢固美观,金额汇总是否准确并与费用报销单金额一致。

业务人员报销费用时必须提供正式发票或税务机关、财政部门监制的其他收款凭证。海外包括港澳台地区的发票、收银小票、其他商业票据可以作为合法报销凭证。

发票或单据种类、内容、开具单位的经营范围,应与报销费用项目一致。

发票内容应齐全、规范、准确,有正确的公司抬头,品种项目较多的发票内未写明品名、规格、数量单价时,需另附明细清单,金额不能超过发票单张限额。除财政部门监制的政府机构、教育部门等开具的非税收入专用收据,以及某些特定的收费专用票(如过路过桥费)外,其他发票一律加盖发票专用章,否则视为无效发票。

票据抬头为个人的通信费发票,以及车辆保险费、维修费等,可以作为合法凭证,但报销的相关费用不得在企业所得税税前扣除。

会计人员对费用报销单审核无误后,应在"费用报销单"中"会计"栏签章。

5.费用报销的财务审批

费用项目的财务审批是根据业务的重要程度,由财务经理、主管财务的副总经理及总经理根据报销金额的大小进行分级审批。

(1)审批内容

财务审批主要从财务和资金安排角度,对费用报销进行如下审核:

①是否符合费用报销标准。

②发票或单据是否符合财务规范要求。

③费用支出是否能够予以资金安排。

(2)审批权限

根据公司规定,各项费用报销财务审批权限如下:

①一般工作人员报销差旅费及按公司规定享受的福利,由财务经理审批。

②有经济合同或协议的,金额在5万元以下(含5万元)的支出,由财务经理审批;金额在5万元以上的,还需财务副总经理审批;金额超过20万元的,还需总经理审批。

③单笔金额1万元以内(含1万元)的零星采购物品、修理费、办公用品等(应附清单),由财务经理审批;单笔金额超过1万元的,还需财务副总经理审批;单笔金额超过5万元的,还需总经理审批。

④1万元以内(含1万元)的其他常规性业务支出,由财务经理审批;金额超过1万元的,还需财务副总经理审批;金额超过5万元的,还需总经理审批。

在此基础上,还必须注意以下两种情况:

一是根据费用报销权级审批要求,各部门负责人员的差旅费、总经理的各项支出,还需财务副总经理进行审批;副总经理以上级别人员的各项支出,还需总经理进行审批。

二是对某些较为特殊及需要严格控制的费用,如业务招待费、出租车费、工资、奖金和广告费,还需财务副总经理审批;捐赠支出、以前年度遗留问题、非常损失和其他异常开支,还需经总经理审批。

6.会计复核

完成审签手续的"费用报销单"传递给会计人员,由其检查确认其审签手续完整,经过必要的审批人审签,相关审批人的签字真实有效。复核无误后,根据"收款业务,先收款后记账;付款业务,先记账后付款"的原则,将需收款的"费用报销单"传递给出纳员,由其据以收妥款项后传回。

调用财务软件,进入"总账"系统,根据"费用报销单"填制记账凭证。然后将记账凭证和"费用报销单"左上角用胶水粘贴在一起,将需付款的"费用报销单",连同记账凭证一并传递给出纳员,由其据以进行款项支付。

7.费用报销的审签顺序

对费用报销的审批顺序以先业务、后财务为原则,先执行业务审批,再执行财务审批。财务审批时应按审批人的审批权限由低到高执行,某审批人在一项费用报销中既有业务审批权又有财务审批权时,按其最高审批权级执行财务审批即可。如行政管理部门报销8万元办公用品采购,总经理王伟既要以部门主管领导的身份进行业务控制,又要以总经理的身份进行财务控制,此时,可按其最高审批权级,在财务副总经理审批后,再交其进行财务审批即可。

8.费用支出付款方式

费用报销与付款业务密切相关,根据与报销业务的关联方式,费用支付有以下几种方式:

(1)预支

业务人员先以借款方式从公司借出款项,用以支付费用后取得发票或单据,执发票或单据至会计部门报销,在此情况下,应注意:

报销费用时应在"费用报销单"中"原借款"栏填写原借款金额,如大于报销金额,在"应退回余款"栏填写应退回的借款差额;如小于报销金额,在"应退回余款"栏名上画线注销,再将其内容标注为"应补付",然后在该栏填写应补付的借款差额,如图3-53所示。此时填写的应退回余款或应补付金额,只代表与报销人应如何进行款项结算,并不能证明实际发生了款项收支,款项的实际收付在完成必要审签手续后由出纳办理。

(2)现支

业务人员执发票或单据至会计部门报销时,直接向其支付报销款项,用以进行费用支付或弥补其已垫付的费用支出,此时,业务人员实际在办理两项业务:费用报销和付款业务。此时,对于现金支付,只需履行费用报销手续,即可根据记账凭证和审签手续完备的"费用报销单"进行支付。

对于银行存款的支付,如果支付给内部员工冲抵其垫付款,一般可以省略付款审批,根据记账凭证和履行了费用报销手续的"费用报销单"进行支付,并在必要时在"费用报销单"上备注结算方式和收款人信息。如果是支付给外单位的款项,则需要在报销费用的同时,填写"付款申请书",根据审批权限,经过付款审批后,出纳员才能根据记账凭证和履行了审批手续的"付款申请书"对外付款。

(3)欠费

业务人员执发票或单据到会计部门报销时,暂不需要进行费用支付。待需要支付相关费用时,由业务人员提请并填写"付款申请书",根据审批权限,经付款审批后,对外付款。

(4)银行自动扣款

公司某些费用如水费、电费、电话费、宽带费、职工社会保险费、物业管理费等采用委托银行自动扣款的方式支付,对这类费用,也应在取得费用发票、单据后,由费用主管部门相关人员办理报销手续,其处理方法详见本章"职工薪酬业务"处理部分。

9.出纳收付款

对于需要根据"费用报销单"收付款的费用报销业务,应将记账凭证和"费用报销单"传递给出纳员,由其据以进行款项收付。

(1)现金收款

报销人员需以现金方式退回多余预借款,为了明确责任,出纳员应先收取款项,然后按收款金额,向报销人员开具"收款收据",将其中一联交报销人,"财务联"加入"费用报销单"附件,在"费用报销单"中"出纳"栏签章,并加盖"现金收讫"戳记。

在实务中,也有企业不向报销人开具收款收据,采用流程控制出纳员收款;对审核无误的"费用报销单"暂不编制记账凭证,由报销人执"费用报销单"及附件至出纳处缴款,出纳收款后在"费用报销单"上签章并加盖"现金收讫"戳记,将"费用报销单"及附件交报销人,由报销人将其交回会计人员,据以编制记账凭证。

相对而言,向报销人开具收款收据的处理方式更严密、清晰,建议采用。

(2)现金付款

根据公司相关规定,对需要支付现金的费用报销业务,会计人员必须先编制记账凭证,出纳员再据以支付现金。支付时,先由报销人在"费用报销单"上"领款人"栏签名,并加盖"现金付讫"戳记,再点付现金。

(3)银行存款收付

报销人员需以银行存款方式退回多余预借款,出纳员应先收取款项,在确认银行存款收妥后在"费用报销单"中"出纳"栏处签章,加盖"银行收讫"戳记;需要进行银行存款支付的"费用报销单",应先由报销人在"费用报销单"中"领款人"处签名,出纳员在"费用报销单"中"出纳"栏处签章并加盖"银行付讫"戳记,再进行银行存款支付。

(三)差旅费报销业务

1.业务流程

差旅费报销也属于费用报销业务,应遵循费用报销业务处理的相关规定,但由于其报销项目和计算方法较为特别,其处理方法和其他费用报销又略有不同。根据公司相关规定,会计人员应按以下流程办理职工的差旅费报销业务,如图3-56所示。

2.说明及注意事项

(1)职工因公出差报销差旅费,应提供经相关领导审批的"出差任务书",其中一般员工出差,由其部门经理和部门主管副总经理审批;部门经理出差,由部门主管副总经理及财务副总经理审批;公司副总经理出差,由总经理审批。

职工如果在出差前向公司凭"出差任务书"预借了差旅费,则"出差任务书"作为借款业务原始凭证附件保存;如果出差前未预借差旅费,则"出差任务书"作为差旅费报销业务原始凭证附件保存。

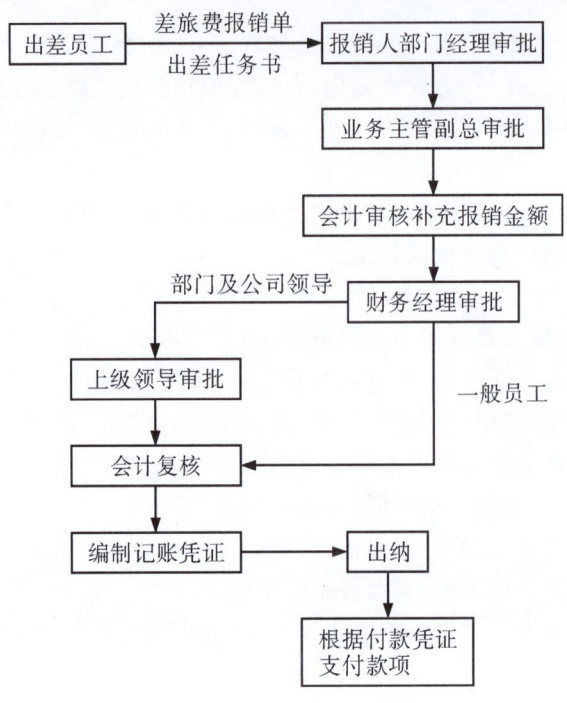

图3-56 差旅费报销业务流程

(2) 职工报销差旅费时应先整理好出差往返机票、火车票、船票、住宿票等发票、单据,并将其整齐、规范地粘贴在"报销单据粘贴单"上,然后填写"差旅费报销单",如图3-57所示,再将"差旅费报销单"和"报销单据粘贴单"左上角粘贴在一起,据以办理报销业务。

差 旅 费 报 销 单

报销部门：采购部　　　　填报日期：2012年12月14日

姓名	于波	职别	职员	出差事由	采购原材料				
总差起止日期自 2012 年 12 月 08 日起至 2012 年 12 月 12 日止共 5 天附单据 2									
日期 月 日	起 讫 地 点	天数	机票费	车船费	市内交通费	住宿费	出差补助	住宿节约补助	其他	小计
12 08	深圳—上海									
12 12	上海—深圳									

总计金额(大写):　万　仟　佰　拾　元　角　分　预支_____元　补助_____

负责人　　　会计　　　出纳　　　审核　　　部门主管　　　出差人 于波

图3-57 差旅费报销单(报销人填写)

差旅费报销单各报销金额栏内容,需依据公司差旅费报销规定填写。对于报销人而言,准确填列较为困难,因此,一般要求员工填写表头和表体一、二行基本信息,以及出差起止日期及行程,并在"出差人"栏处签名即可,各报销金额栏由会计人员审核时,依据报销职工提供的报销单据和公司差旅费报销相关规定补充填列。

多人共同出差时,可将相同报销标准和审批程序的多个报销人填列在一张"差旅费报销单"上,此时,各报销人均应在"报销人"栏处签名。

(3)出差起止日期以出差职工提供的乘坐相关交通工具载明的日期为准,以出发日和返回公司所在地日实际天数为出差天数,中间有私人事务占用时间可扣除。出差任务书上记载的仅为预计出差时间,与实际差旅时间可能会有出入。

(4)差旅费报销单金额栏填列方法:出差职工报销的差旅费一般由往返出差地交通费、住宿费、出差地市内交通补贴、出差期间伙食补贴及出差中发生的其他相关费用组成,会计人员应熟悉公司差旅费报销相关规定,并能据以准确填列各报销栏目,如图 3-58 所示。

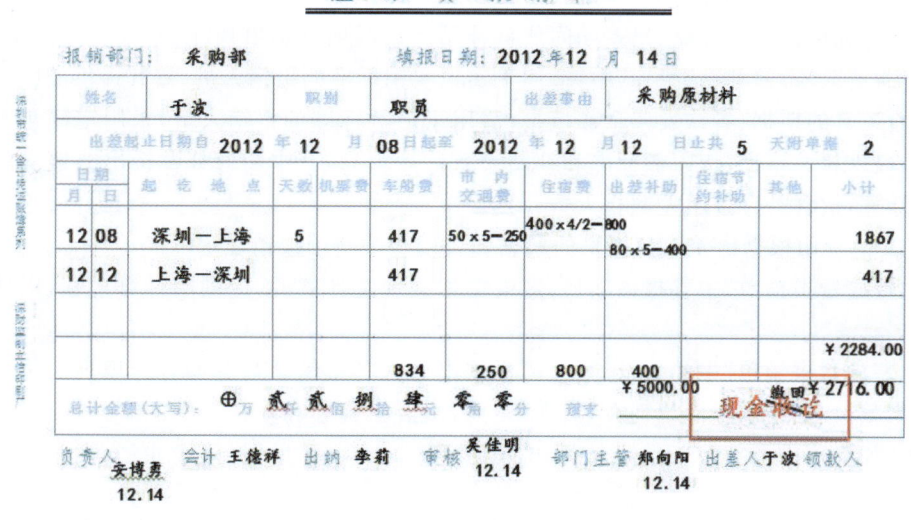

图 3-58　差旅费报销单(会计补充及审签)

①出差地往返交通费。交通费凭相关交通工具的乘坐凭据,如航空行程单、火车票、船票和汽车票等,按以下方式确定报销金额,填列在"差旅费报销单"中的"机票费"或"车船费"栏:

适用实报实销标准的报销人员,如公司副总经理以上级别人员,按其提供的票据金额填报;

有限额标准的报销人员,如公司部门经理及以下人员,在其适用限额内按实报销,报销人提供的票据在限额标准内的,按其提供的票据金额填报;报销人提供的票据金额超过限额标准的,按限额标准填报。

同时,注意公司两项特别规定:

一是普通职工出差不能乘坐飞机,营销、维修人员因工作急需乘坐飞机必须在"出差任务书"上注明理由,经部门经理同意,报主管副总经理批准后方可按以上标准乘坐。如果普通员工出差乘坐了飞机并提供机票报销,对符合上述规定的,交通费按飞机标准报偿;否则交通费按火车标准报销,填报火车硬卧票价金额,超支部分由职工自行负担。

二是对符合乘坐卧铺条件而乘坐硬座的报销员工,应按硬座票价与卧铺票价差额的70%补助给员工。

②住宿费。住宿费须凭填写完整的住宿发票报销,填列在"差旅费报销单"的"住宿费"栏。其中:适用实报实销标准的报销人员,按住宿发票金额填报;有限额标准的报销人员,根据每天限额标准和报销天数确定报销限额,报销天数以报销人在出差地实际需住宿天数确定。

发票金额低于报销限额的,按住宿发票金额填列"住宿费",发票金额低于报销限额的部分为住宿节约,应将节约部分的70%奖励给出差职工,填列在"差旅费报销单"中"住宿节约补助"栏;发票金额高于报销限额的,按报销限额填列"住宿费",实际住宿费超过报销限额的部分由出差职工个人自行负担。对未提供住宿发票或发票未填写住宿日期、人数、天数的,按住宿报销限额的50%填报"住宿费"。

③出差地市内交通补贴、出差期间伙食补贴。这两项分别填列在"差旅费报销单"的"市内交通费"、"出差补贴"栏,其中:适用于实报实销标准的报销人员,按其提供的出差地乘坐交通工具的票据、餐饮发票金额填报;适用于定额标准的报销人员,采用定额包干方式,不需提供相关票据,按限额标准和补贴天数计算填列,其中交通补贴按出差地实际停留天数计算,伙食补贴按出差起止天数计算。

④ 其他费用根据出差人员提供的票据和公司相关费用报销规定填报。

⑤"差旅费报销单"中各报销项目,需根据相关规定计算的,应列明计算过程,以便于查验。

⑥"差旅费报销单"中的大、小写金额栏按出差人各报销项目金额合计填列。出差人如有预借款,按其借款金额填列在"预支"栏处,按借款金额和报销金额的差额填列在"补助"栏处,如果预借金额大于报销金额,需收回现金时,在"补助"栏画线注销,在其位置注明"缴回"字样。

(5)差旅费报销的审批权限:"差旅费报销单"首先要经报销人所在部门经理及部门主管副总经理审核签名,对于一般员工,再提交财务部经理审核签名即可报销;部门经理报销差旅费,还需经财务总监审核签名;公司副总经理报销差旅费,还需总经理审核签名;总经理报销差旅费,还需财务总监审核签名。

(6)出差职工报销差旅费时,如需现金缴回多余的预借款时,应在"差旅费报销单"完成审签手续后,先由出纳员据以向报销职工收取现金,并按实际收款金额向报销职工开具收款收据,再将"差旅费报销单"交由会计据以编制记账凭证。

(四)借款业务处理

1. 业务流程
2. 说明及注意事项

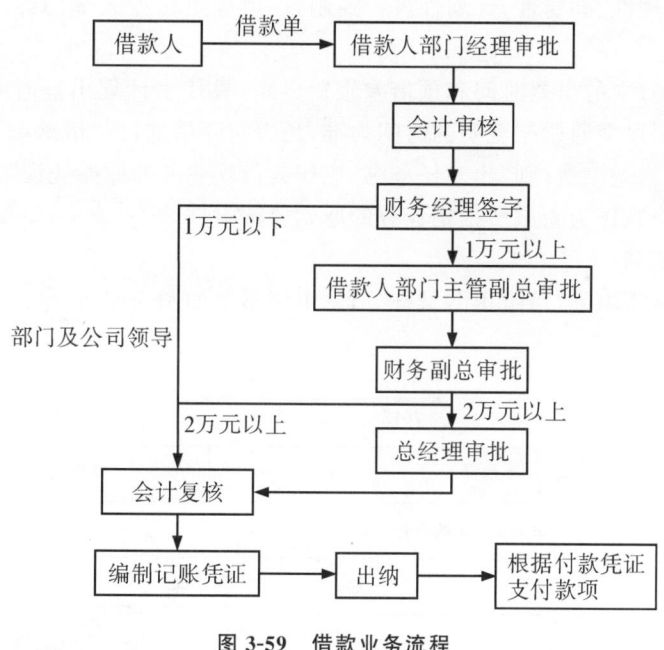

图 3-59 借款业务流程

(1) 借款理由合规

公司只允许差旅、零星采购和备用金借款,其中备用金用于借款人因工作需要经常支付的费用,报销时按实补差。可申领备用金的人数、额度,由各部门与财务部共同协商核定,非经核定人员不得申领备用金。

职工预借差旅费时,需提供经审批的"出差任务书",否则不予借款。"出差任务书"为公司自行印制的内部单据,如图 3-60 所示。

深圳市泰安科技有限公司出差任务书

2012 年 12 月 10 日

姓名	秦向荣	部门	销售部	职别	职员	出差地	北京	时间	12.13 — 12.17
目的	参加产品展销会					预借差旅费	¥5000.00		
审批	同意　王红发　12.12.10					备注	因展销会前后部门有重大商务谈判安排,特同意乘坐飞机往返。陈冬　12.10		

图 3-60 出差任务书

在不同企业,其名称、具体内容和审批手续会有所不同。"出差任务书"的主要目的是对出差业务的合理性、必要性、计划性进行控制,一般应由出差人部门经理及部门主管副总经理审批。

"出差任务书"中的出差时间和预借差旅费金额,只代表计划出差时间和批准借款金额,实际出差时间以交通票据载明的时间为准,是否实际借款,以"借款单"为准。

出差人若预借差旅费,则"出差任务书"应作为借款业务的原始凭证附件;若出差人未预借差旅费,则将其作为差旅费报销业务的原始凭证附件。

(2)借款单填列

职工借款时,需填列"借款单",又称"借款申请书",如图3-61所示。

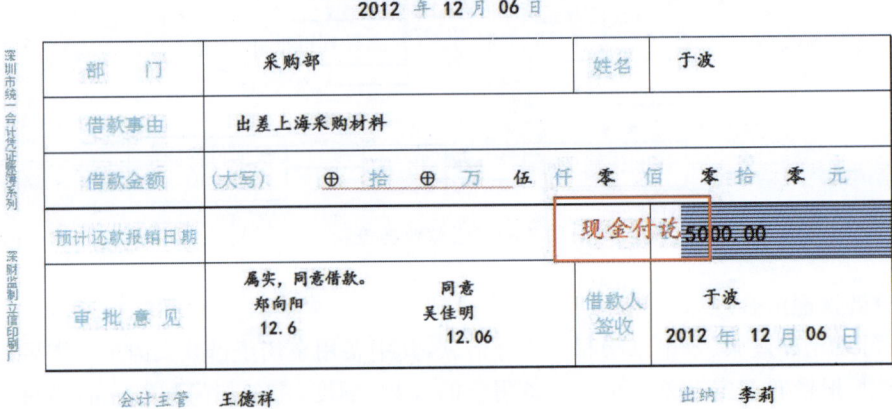

图3-61 借款单

(3)借款单审批权限

①一次借款金额在1万元以内(含1万元)的,由部门经理、财务部经理共同审批;

②一次借款金额超过1万元的,还需部门主管副总经理、分管财务的副总经理审批;

③一次借款金额超过2万元(含2万元)的,还需总经理审批。

(4)借款支付

借款业务应先经会计复核"借款单"审批手续完备无误后,据以编制记账凭证,出纳员根据记账凭证、"借款单"及其附件支付款项。支付时,应先由借款人在"借款单"中"借款人签收"栏处签名,并加盖"现金付讫"或"银行付讫"戳记,再向其点付现金或支付银行存款。

(5)借款后继处理

为了督促借款人及时办理借款报销,公司对各项借款的报销时限作了规定:因公出差、参加专业会议借款的,应在返回公司、会议结束后五个工作日内报账;因零星采购和其他专项借款的,应在事毕后三个工作日内报账。无正当理由逾期未报的,公司将从借款人工资薪酬内扣回借款。

借款人所借款项,因情况变化不需要使用退还会计部时,应由出纳员向其开具"收款收据",并由会计人员编制记账凭证冲减其应收款,不能将原"借款单"退还借款人。

第七节 职工薪酬业务

职工薪酬涉及每个职工的切身利益,为了维护职工的合法权益和建立社会保障体系,国家先后制订了多部法律、法规,如《宪法》、《劳动法》、《劳动合同法》、《社会保险法》、《工资支付暂行规定》、《个人所得税法》、《最低工资规定》,以及各行业工资管理办法及社会保障相关规定等,对企业的薪酬政策进行规范和约束,并由政府相关部门、人力资源管理机构、税务机关、社会保障机构等对企业薪酬政策的实施进行管理和监督。

政府对企业薪酬的管理逐步从以行政手段为主,转变为以法律手段为主,企业可以在不违反国家相关规定的前提下,根据生产经营和劳动特点,确定工资水平,选择适当的分配形式和方法,确定工资构成项目和计算方法,自主完成对职工的考核与分配。

一、职工薪酬业务的内部控制

1.职工薪酬业务的主要风险

职工薪酬业务主要存在以下方面的风险:

(1)工资制度违反国家相关法律法规规定,侵害职工合法权益。

(2)篡改工资记录,利用虚假用工信息冒领、虚领工资,损害企业利益。

(3)工资数据计算有误,多计错计工资,附加费用计提不当,代扣款项计扣不准。

(4)未及时支付、结算各薪酬项目。

(5)虚列工资支出,薪酬费用核算错误,会计信息失真。

2.职工薪酬业务的控制措施

为了防范职工薪酬业务的主要风险,可采取的控制措施包括:

(1)人力资源管理、用工统计与财会部门相互独立,对工资标准核定、用工工时记录、工资计算、工资发放等不相容职务进行分离。

(2)建立职工薪酬业务授权审批制度,用工计划、人员调配、考勤及工时统计、工资结算和分配、发放工资等,均应经授权或经主管人员审查批准后方可进行下一步的处理。

(3)建立职工薪酬业务的审核机制,人员调配单、考勤记录、工资计算表、工资汇总表及附加费用计提表、记账凭证等,需经专人审核,保证业务处理的真实和正确。

(4)限制非授权人员接近薪酬业务资料,防止这些资料被篡改、伪造和损毁。

(5)明确规定相关部门、岗位完成薪酬业务的时限,以及对薪酬业务的授权审批时限,及时结算薪酬费用,按时支付职工薪酬及代扣款项。

二、职工薪酬初始资料

会计人员可从当地社保机构、住房公积管理机构、工会组织等单位,查证职工社会保险、住房公积金、工会经费等具体规定。在此基础上,结合公司相关会计资料,了解本单位职工薪酬项目处理方式。

下面以实训公司为例,说明会计人员需处理的职工薪酬业务。

1.薪酬业务相关规定

根据当地工资薪酬相关法规政策,实训公司在《会计核算制度》中对职工薪酬业务也作出了相应的规定,会计人员应严格执行,规范处理相关业务。

(1)工资附加费计提比例

①职工社会保险费,以员工上年平均工资为基数,按以下比例计算:

职工基本养老保险为21%,其中企业承担13%,个人承担8%,对深圳户籍职工计提1%的补充养老保险,由企业负担;

医疗保险按一类参保,计提比例为8%,其中单位承担6%,个人承担2%;

失业保险以上年深圳市职工月平均工资为基数,计提比例为3%,其中企业承担2%,个人承担1%;

工伤险按制造业参保,计提比例为0.8%,全部由企业承担;

生育险为0.5%,全部由企业承担。

②住房公积金,以员工上年平均工资为基数,按16%比例计提,其中单位和个人各承担8%。

③工会经费和职工教育经费,按每月工资总额的2%和1.5%计提。

(2)支付时限

各薪酬项目有不同的支付时限,会计人员应在规定的时限前完成薪酬支付,以免造成不必要的劳资纠纷和滞纳金等经济损失。

①社会保险费于每月25日前向深圳市社会保险基金管理局缴纳。

②住房公积金于每月15日前向深圳市住房公积金管理中心缴纳。

③由公司负担的工会经费按月划拨给工会专户,其中40%归属上级工会,60%归属本公司工会。职工应缴纳的工会会费,每半年划拨给本单位工会专户。

④公司职工福利费不计提,按实际发生金额列支。

⑤工资发放日为下月的10日至12日,会计人员应于本月10日前完成该相关审批手续,并由出纳员办理工资发放。

(3)支付方式

各薪酬项目的支付方式有所不同,其中通过银行自动扣缴的,要在其扣款日前,在相关账户中备足款项。

根据期初账户余额说明,公司的电费、水费,职工宿舍房租,以及工业区的劳动人事管理费,从工行蛇口支行账号自动扣缴。公司的各项税收,包括个人所得税、社会保险费,从国泰安模拟银行自动扣缴。

2.相关账户期初余额

在会计人员工作台上的"部门资料"夹中可查看到各账户的期初余额,职工薪酬相关的账户主要涉及"应付职工薪酬"、"其他应收款"、"其他应付款"和"应交税费"。查看相关账户余额如下:

应付职工薪酬——工资　137 659.06
　　　　　　——工会经费　3 256.25
　　　　　　——职工教育经费　12 430.60
其他应收款——王红发　10 000.00（个人借款，每月从工资中扣还 1 000 元）
其他应付款——工会经费　2 915.00
应交税费——应交个人所得税　5 281.46

3.前期薪酬资料

在会计人员工作台上的"会计档案"夹中，保存了 11 月份的工资资料和职工社会保险资料，以及 11 月份各应纳个人所得税的纳税申报表资料。

4.薪酬项目的核算模式

（1）工资费用

从 11 月份的工资资料和"应付职工薪酬——工资"科目的余额资料可以看出，公司按月计算当月应付职工的工资，11 月的工资费用已经计入当期损益或相关资产成本，代扣款项也已从工资中扣结，12 月会计人员应于约定工资发放日前完成工资发放。

（2）工资附加费用

会计准则规定：企业为职工缴纳的社会保险费和住房公积金，以及按规定提取的工会经费和职工教育经费，应当在职工为期服务的会计期间，根据规定的计提基数和计提比例计算确定相应的职工薪酬金额，并确认相应负债，计入当期损益或相关资产成本。企业发生的职工福利费，应当在实际发生时根据实际发生额计入当期损益或相关资产成本。

在实际处理这些工资附加费时，应注意：

①根据目前相关规定，企业应在与员工签订劳动合同的当月起为员工购买社会保险和缴交住房公积金，即企业应在员工提供劳务的当月，为其办理新增参保手续或变更参保信息。社保和住房公积金管理机构为了便于收缴，在规定时限（如深圳为每月 20 日）之前新增和变更的，当月生效；在规定期限之后新增和变更的，从下月开始生效，即这些职工从下月开始缴交社保和住房公积金，并不需要为其补缴本月数。

上述规定，可以理解为企业为职工缴交的社会保险和住房公积金与其提供服务同属一个会计期间，因此，企业一般以当月社会保险和住房公积金的实际缴交额，确认当期社会保险费和住房公积金费用。

②为避免职工社会保险和住房公积金缴交金额的频繁变动，职工社会保险与住房公积金的缴交基数并不是严格按其每月应付工资金额执行，而是采用确定金额的参保工资作为计缴基数。参保工资根据职工实际工资水平变化进行调整，其中住房公积金管理机构每年只允许对每个职工的缴交基数进行一次变更。

职工社会保险和住房公积金缴存基数，需符合缴存基数最低和最高限额规定。如深圳市 2015 年社会保险和住房公积金缴存基数最低不低于市最低月工资标准 2 030 元，最高不超过市上年度在岗职工月平均工资的 3 倍，即 18 162 元。

实训公司选择员工上年度平均工资为基数，每年变更一次。

③根据 11 月份职工社保和住房公积金的资料，可以看出公司计缴了社会保险和住房公积金，而"应付职工薪酬"账户下的"社会保险费"和"住房公积金"明细账户并无余额，可

以判断公司的社会保险和住房公积金是按当期实际缴交额,分配记入当期费用,11月的支付与分配已结清。

④工会经费和职工教育经费,企业一般根据当月应付工资的总额,按规定比例计提,公司11月工资资料和"应付职工薪酬"账户下"工会经费"和"职工教育经费"两个明细账户的贷方余额,可以验证这两项费用,公司采用按当月应付工资总额2%和1.5%比例计提方式处理。

"应付职工薪酬"下的"工会经费"为已计提11月公司负担的工会经费,本月应于规定日期前全额划拨工会;"职工教育经费"为公司前期已计提、未支出的用于职工培训的专项费用,在实际开展职工培训时按实际支出冲减。

⑤"应付职工薪酬——职工福利"账户无余额,表明公司前期的职工福利费支付与分配已结清。

(3)工资代扣款项

①企业从职工工资中代扣的应由员工负担的个人所得税,通过"应交税费——应交个人所得税"科目核算,代扣时记入该科目贷方,缴纳时记入该科目借方。

根据实训公司相关资料,可以看出,11月工资发放表中的"个人所得税"项目总额与"应交税费——应交个人所得税"账户余额,以及11月个人所得税扣缴报告表中的纳税额一致,表明公司在11月从职工工资中代扣了个人所得税,记入了"应交税费——应交个人所得税"账户贷方,会计人员应于本月规定日期前向税务机关申报代缴。

②公司从职工薪酬中代扣的其他款项,有两种处理模式:

一是先扣后支,月末结算工资时先代扣,记入"其他应付款",实际支付时冲减"其他应付款"等负债。

二是先支后扣,实际支付时记入"其他应收款",月末结算工资时按实际支付额代扣,结平"其他应收款"。

根据实训公司相关资料,可以看出:

11月工资发放表中代扣的"养老"、"医疗"、"失业"各项保险费用总额,与当月保险缴交明细表中"养老保险"、"医疗保险"和"失业保险"中个人缴交部分金额一致;工资发放表中代扣的"住房公积金"项目总额与住房公积金计算表中"个人交"金额合计一致,并与当月住房公积金汇缴书中金额相符。公司从职工工资中代扣了个人负担的社会保险和住房公积金,而"其他应付款"中并无相关明细账户余额,可以判断职工个人负担的社会保险和住房公积金采用先支后扣,公司先缴付,月末按当期实际缴交额从当月应付工资中代扣,11月的支付与代扣已结清。

11月份工资发放表中有代扣职工房租、水费、电费,但"其他应付款"中并无相关明细账户余额,可以判断这几项费用,是采用公司先支付,月末按实际支付额代扣的处理方式,11月的支付与代扣已结清。

11月份工资发放表中有代扣职工个人缴纳的工会会费,但代扣金额小于"其他应付款——工会"账户的余额,可以判断职工个人缴纳的工会会费是采用先扣后支,在每月末按职工应缴会费额从应付工资中代扣,每半年一次划拨给工会。

三、缴纳个人所得税

职工应缴纳的个人所得税由公司代扣代缴，税务会计应于 15 日前，向地税局申报并缴纳 11 月份的个人所得税，具体处理方法详见本部分第一节自主业务纳税申报部分。

四、发放工资

委托银行代发工资一般应在基本存款户办理，企业首先要与开户行就代发工资相关事宜签订委托代理协议，并提供职工在该行的个人结算账号，对未在该行开立账号的职工，企业按照现行银行实名制的要求提供职工姓名、身份证号码等相关资料，批量开立职工个人结算账户。实训平台省略这一步骤，默认国泰安模拟银行为委托代发工资账户。

实际发放工资时，按以下步骤办理：

1.根据公司资金支付与费用报销的相关规定，将 11 月份的"工资发放表"交由行政管理部经理、财务部经理、财务总监以及总经理审核签字。如图 3-62 所示。

工资发放表
2002年11月

部门	基本	岗位	加班	绩效	房补	独补	交通	凉资	事假	病假	应发工资	房租	水电	借款	工会	所得税	养老	医疗	失业	公积金	实发工资
总经办	15554	6000	0	25499	5000	30	3500	876	210	0	56248.5	1800	631	0	225	4082.23	3256	814	90	3256	45422.67
销售部	8030	2283	0	7927	2500	15	1800	378	0	85	22848.00	300	105	1000	91	625.63	1640	410	54	1640	18675.67
财务部	14200	3600	0	2500	2500	0	1100	494	0	0	24394.00	0	0	0	98	73.44	1936	484	90	1936	21802.98
行政管理	5540	1400	0	2437	1500	0	500	210	0	0	11602.00	600	129	0	46	116.36	920	230	36	920	9560.66
制造部	10984	2000	314	2556	1900	0	900	460	0	0	19114.00	150	78.3	0	76	150.67	1520	380	72	1520	16758.62
采购部	7836	2000	0	3864	2000	30	1300	575	0	142	17261.00	0	0	0	69	137.40	1352	338	54	1352	15364.57
计划部	5623	1500	0	2013	1500	15	500	194	0	0	11345.00	0	0	0	45	95.73	904	226	36	904	10073.89
合计	67767	18783	314	46796	16900	105	9600	2985	210	227	162812.50	2850	942.9	1000	650	5281.46	11528	2882	432	11528	137659.06

行政管理部：朴相良　　财务部：吴佳明　　财务总监：易明 12.8　　总经理：王伟 12.8　　李莉

图 3-62　工资发放表

2.编制发放工资的记账凭证如下：

借：应付职工薪酬——工资　　　　　　　　　　　　137 659.06
　　贷：银行存款——国泰安模拟银行　　　　　　　　　　137 659.06

3.出纳员根据记账凭证和审签后的工资发放表填写支票，加盖法人代表私章，并由财务经理加盖财务专用章，填写"支票登记簿"，在工资发放表上加盖"银行付讫"戳记。

支票上收款人填写企业某一职工姓名加"等"字，如"王伟等"，金额按代发工资总额填写，用途写明"代发工资"。

4.出纳员执支票联和按开户行格式要求的电子版工资发放明细表，至开户行办理委托发放工资。

5.开户行在检查支票无误并确定账户中有足额款项后，按工资明细表中的金额将工资从公司账号转入职工个人结算账号。

6.银行办理委托发放工资会从公司账号中收取一定的手续费,出纳员取回加盖了开户行"转讫章"的银行手续费收款凭证后,应按费用报销业务处理流程,填写"费用报销单"报销银行手续费。

五、社会保险费与住房公积金缴纳

社会保险和住房公积金是社会保障体系的重要构成部分,企业应根据相关规定,按以下步骤在规定的时限前缴存。

1.申报社会保险和住房公积金缴存金额

职工社会保险费和住房公积金缴存金额申报,一般由企业人事管理部门指定专人处理,可以通过社保机构和住房公积金管理机构的专用网站进行办理。

(1)公司首先应向当地社保机构办理参保登记,向当地住房公积金管理机构办理住房公积金缴存登记。

(2)登记后在社保机构为本单位未参保员工办理参保手续,为已参保员工办理保险信息变更手续。在住房公积金管理机构为无公积金账户职工办理住房公积金账户设立手续,为已设立公积金账户的职工办理住房公积金信息变更手续。

(3)按月申报社会保险费和住房公积金:

①社会保险参保人数、参保险种、工资等发生变化的,向社保机构办理职工参保信息变更手续。向社保机构报送"社会保险费申报表"、"代扣代缴明细表"以及社保机构规定的其他资料,申报当月应实际缴纳的社会保险费。社保机构对"社会保险费申报表"和相关资料进行审核,无误后签章核准。

②住房公积金缴交人数、缴存比例、缴存基数发生变化的,向住房公积金管理机构办理调整手续。向住房公积金管理机构报送"住房公积金汇缴书",申报当月应实际缴存的住房公积金。

2.缴存社会保险和住房公积金

社会保险和住房公积金的缴存一般由会计部门负责处理,会计人员须在规定的缴交时限前完成社会保险和住房公积金的缴付。社会保险和住房公积金可以采用支票缴存或委托银行收款缴存,大多数公司会选择采用后者。

(1)支票缴存。公司按当月实际缴存额,向社保机构和住房公积金管理机构开具支票,至社保和住房公积金指定办理银行,提交支票和银行进账单办理。

(2)委托银行托收。以委托银行收款方式缴存社会保险和住房公积金,公司应先和社保机构、住房公积金管理机构,以及开户银行签订三方《委托收款协议》,协议书可在社保机构、住房公积金管理机构或开户银行领取,应经过公司相关领导审批同意后办理。

每月约定的托收日,社保机构、住房公积金管理机构,按核准后的社会保险费和住房公积金申报缴存金额,向托收银行提供收款凭证或者电子数据,银行据以从企业账户中划缴社会保险费和住房公积金。扣缴成功后,开户行向企业提供付款凭证,社保机构、住房公积金管理机构向企业提供社保费专用收据、住房公积金汇缴书,以及社会保险费、住房公积金明细清单。

对于采用委托银行收款方式缴存社会保险费和住房公积金的实训公司,会计人员应按以下方式处理:

①在约定托收日,在协议账户内留有足够款项用于支付应缴存的社会保险费和住房公积金。

由于社会保险费和住房公积金的申报一般由人事部门负责,缴存由会计部门负责,因此,需协调好两部门的分工和衔接。实际工作中,人事部门应将社保费及住房公积金的申报金额及时通报会计部门,会计部门应于约定扣款日前向人事部门查证申报金额。

②扣款成功后,出纳员从银行取回社会保险费、住房公积金委托收款凭证,如图3-63、3-64所示。

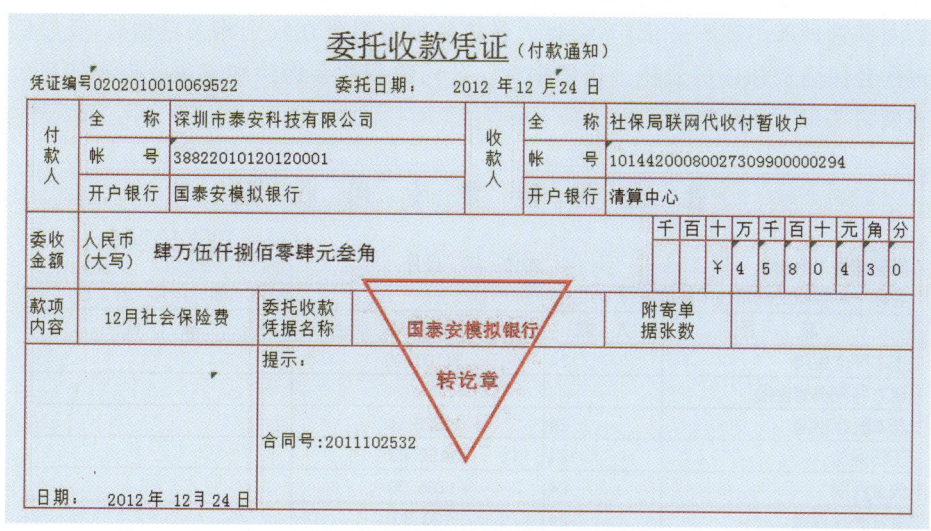

图3-63　社保费委托收款凭证

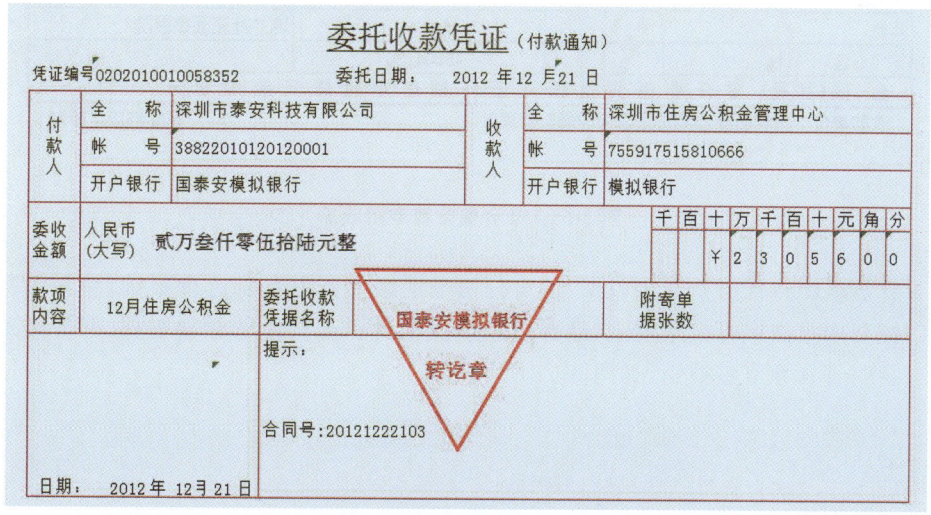

图3-64　住房公积金委托收款凭证

付款凭证上只记载了付款总额,会计人员据此无法判断公司和职工个人缴付情况,可先通过其他往来及时反映银行存款的变化,待人事部门报销时再对单位缴交部分进行调整。调用财务软件,在"总账"系统中编制记账凭证:

借:其他应收款——社会保险费　　　　　　　　　　　　　　　　　45 804.30
　　贷:银行存款　　　　　　　　　　　　　　　　　　　　　　　　45 804.30
借:其他应收款——住房公积金　　　　　　　　　　　　　　　　　23 056.00
　　贷:银行存款　　　　　　　　　　　　　　　　　　　　　　　　23 056.00

3. 报销社会保险费和住房公积金

社保机构和住房公积金管理机构收到托收银行提供的"委托收款结算凭证",确认实际缴存后,按公司提供的地址信息和票据送达方式,将社保费专用收据、住房公积金汇缴书送达人事管理部门或财务部门,会计人员应督促专管员在收到相关单据后,及时到财务部办理社会保险费和住房公积金报销手续。公司收到社会保险费专用收据和住房公积金汇缴书如图3-65、3-66所示。

社会保险费专用收据

BK140260 65

电脑编号:248804　　　　2012 年 12月
名称:深圳职业网络技术股份有限公司　　　　　2012 年 12 月 27 日

项　目	人数	金　额	备　注
基本养老保险	24	31107.00	
地方补充养老保险			
基本医疗保险	24	11528.00	
工伤保险	24	1152.80	
失业保险	24	1296.00	
生育医疗保险	24	720.50	
住房公积金			
利息			模拟银行
滞纳金			
其他			地方补充医疗保险
合　计		45804.30	

金　额(大写) 零仟零佰零拾肆万伍仟捌佰零拾肆元叁角零分
收款单位:深圳市社会保险基金管理局(盖章)　　　　　广东省财政厅印制

图 3-65　社会保险费专用收据

专管员彦涛持社保费专用收据、住房公积金汇缴书到财务部办理报销,填写"费用报销单",按费用报销审批权限规定,经部门经理朴相良和部门主管领导王伟、财务经理、财务总监易明等领导审签报销,如图3-67所示。

深圳市住房公积金汇（补）缴书

单位公积金号	1022909030	单位名称	深圳职业网络技术股份有限公司									
汇（补）缴人数	24	汇（补）缴年月	2012年12月									
人民币（大写） 贰万叁仟零伍拾陆元整				千	百	十	万	千	百	十	元	角	分
			¥			2	3	0	5	6	0	0
缴存类型	√ □汇缴		□补缴往月				□少缴补缴						
交款方式	√ □托收		□支票				□现金	□其他					
交款凭证号码													

专办员：   彦涛   单位公章：

申请日期： 2012 年 12 月 19 日

图 3-66 住房公积金汇缴书

费用报销单

报销部门：行政管理部   2012 年 12 月 28 日填   单据及附件共 1 页

用　途		金　额（元）	备注	同意 朴相良 12.28	同意 王伟 12.28
12月社会保险费	公司缴交	30962.30			
	职工缴交	14842.00			
			领导审批	同意 吴佳明 12.28	同意 易明 12.28
合　计		¥ 45804.30			
金额大写： ⊕ 拾肆万伍仟捌佰零肆元叁角零分			原借款： 元	应退余款： 元	
会计主管	会计 王德祥	出纳	报销人 彦涛	领款人	

图 3-67 社会保险费用报销单

会计人员根据审核无误、审批齐全的"费用报销单"，调整社会保险费和住房公积金的单位缴交部分，编制会计分录如下：

　　借：应付职工薪酬——社会保险费　　　　　　　　　　　　30 962.30
　　　　贷：其他应收款——社会保险费　　　　　　　　　　　　　　　30 962.30
　　借：应付职工薪酬——住房公积金　　　　　　　　　　　　11 528.00
　　　　贷：其他应收款——住房公积金　　　　　　　　　　　　　　　11 528.00

会计人员在报销社会保险费和住房公积金时，应要求专管员提供缴交明细表等相关资料，据以核对报销金额与实际缴款金额，以及分配企业负担金额、代扣职工负担金额是否相符。社会保险和住房公积金的缴交明细表可以向社保机构或住房公积金管理机构索取，也可以直接从社会保险费和住房公积金申报系统中下载打印。

4.社会保险费和住房公积金的分配与代扣

(1)社会保险费和住房公积金的分配

企业负担的社会保险费和住房公积金,应按职工的工作部门和服务对象,分配计入当期成本或费用。专管员或会计人员应根据社会保险费和住房公积金缴交明细表,编制社会保险费汇总分配表(如图3-68所示)和住房公积金费用汇总分配表,据以对公司缴交的社会保险费和住房公积金费用进行分配。注意核对分配总额与保险缴交明细表中"养老保险"、"医疗保险"、"生育保险"、"工伤保险"、"失业保险"中单位缴交社会保险费金额合计,以及住房公积金计算表中"单位交"金额合计相符。

社会保险费汇总分配表
2012年12月

部门		金额
制造部	模块生产工人	760.20
	充电器生产工人	781.50
	车间管理人员	2528.3
销售部		4334.5
行政管理部		22557.8
合计		30962.30

制表:彦涛　　　复核:王德祥

图3-68　社会保险费用分配表

根据公司会计核算制度规定,产品成本计算采用分批法,制造部模块生产工人,只从事公司"KF534T模块"产品生产,其薪酬费用直接计入"KF534T模块"生产成本;充电器生产工人,从事公司各类充电器产品生产,其工资费用按各充电器产品生产工时比例分摊。

月末,会计人员取得充电器产品生产工时记录,据以分配充电器生产工人社会保险费如下:

产品	生产工时	薪酬费用
K3900 充电器	32	173.67
K100 旅充批次1	43	233.36
K100 座充	37	200.80
K100 旅充批准2	32	173.67
合计	144	781.5

根据以上分配计人员据以编制会计分录如下:

借:生产成本——KF534T 模块　　　　　　　　　　760.2
　　　　　——K3900 旅充　　　　　　　　　　　173.67
　　　　　——K100 旅充批次 1　　　　　　　　　233.36
　　　　　——K100 座充　　　　　　　　　　　　200.80
　　　　　——K100 旅充批次 2　　　　　　　　　173.67
　　制造费用——职工薪酬　　　　　　　　　　　2 523.80
　　销售费用——职工薪酬　　　　　　　　　　　4 334.50
　　管理费用——职工薪酬　　　　　　　　　　 22 557.80
　　贷:应付职工薪酬——社会保险　　　　　　　　　　3 0962.30

将本月实际由企业负担的社会保险费,分配计入当期成本费用,结平"应付职工薪酬——社会保险"账户。

(2)社会保险费和住房公积金的代扣

由职工个人负担的社会保险费和住房公积金,应从职工工资中代扣,月末,按每个职工实际个人应缴交金额,记入"工资计算表"的"代扣款项"栏。注意核对代扣总额与保险费缴交明细表中"养老保险"、"医疗保险"、"生育保险"、"工伤保险"、"失业保险"中个人缴交社会保险金额费合计,以及住房公积金计算表中"个人交"金额合计相符,并据以编制如下会计分录,结平"其他应收款——社会保险费"和"其他应收款——住房公积金"账户。

借:应付职工薪酬——工资　　　　　　　　　　　26 370.00
　　贷:其他应收款——社会保险费　　　　　　　　　14 842.00
　　　　　　　　——住房公积金　　　　　　　　　11 528.00

六、电费、水费、房租、劳动管理费

企业的水费、电费、房租、通信等费用,一般通过企业与收款单位、开户银行签订三方协议,采用银行委托收款方式结算。根据期初账务资料,实训公司通过工行蛇口支行账户,每月自动扣缴公司应付的电费、水费、职工宿舍房租和工业区的劳动人事管理费。

会计对此类业务处理流程较为相似,可分为交费通知、扣款和报销三个环节,下面以电费处理为例说明。

1.交费通知

收款单位在约定的托收日前,向公司送达当月交费通知书,公司收到的电费交费通知书如图 3-69 所示。

经办人员应及时将该通知传送到会计部,该通知只是告知企业当月电费扣缴账户、扣缴时间及扣缴金额等信息,以让企业提前备好资金,托收日在约定账户内留有足够款项用于支付电费,以保证成功托收。

从通知单中还可以看出,公司电费包括工业用电和民用电两类,其中工业用电为公司经营场所耗用,由公司负担,应分配计入当期成本费用;民用电为企业租入的员工宿舍耗用,其中分摊给住宿职工的那部分,从其工资中代扣,因空置、免费等原因需公司负担的那部分,计入当期非货币性福利。

招商局蛇口工业区供电公司用户用电明细表清单

日期：2012 年 12 月 10 日

名称：深圳泰安科技有限公司　　户号：51863

户 地 址（表位）		上月行度	本月行度	实用量（度）	单价	本月金额	往月欠费	滞纳金
电表位置	卡号	上月抄见	本月抄见	电量	单价	本月金额	往月欠费	滞纳金
四海 4-203	00357	1423	1626	203	0.64	139.01	0	0
兰园 8-305	00283	468	727	259	0.64	166.08	0	0
兰园 8-405	16547	1278	1410	132	0.64	84.33	0	0
招北 2-203	15437	2876	3369	493	0.64	315.31	0	0
职业大厦	26534	11264	51682	40418	0.85	34356.09	0	0
用电量	52399 度	备注						
金额	35060.82	电表数	5	总金额：人民币叁万伍仟零陆拾元捌角贰分				

以上款项将于 12 日从你公司工商银行尾号为 7465 账户扣除，请保持足够余额以顺利划款。

图 3-69　电费交费通知书

2.托收扣款

托收日，收款单位向托收银行提供收款凭证或者电子数据，银行据以从协议账户中划转电费，并向企业提供付款凭证。出纳员从银行取回扣款凭证，如图 3-70、3-71 所示。

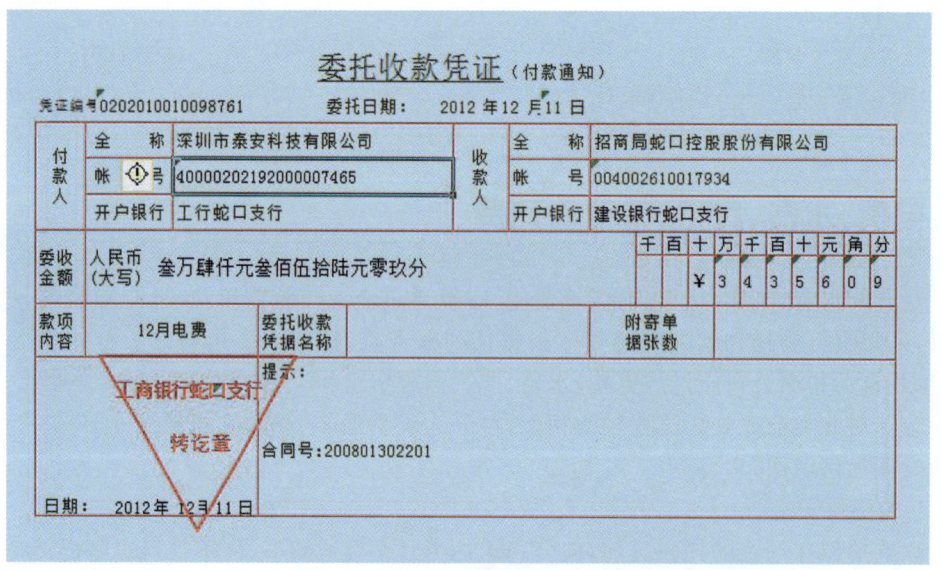

图 3-70　委托收款凭证(工业用电)

扣款凭证只能说明和收款单位之间的款项结算，并无相关发票说明具体费用开支情况，因此，会计人员根据银行提供的工业用电及民用电付款凭证编制如下记账凭证：

借：其他应收款——蛇口供电公司　　　　　　　　　　35 060.82

　贷：银行存款　　　　　　　　　　　　　　　　　　　35 060.82

3.报销

扣缴成功后，经办人员应及时取得收款单位开具的发票、收据等，到财务部门办理相

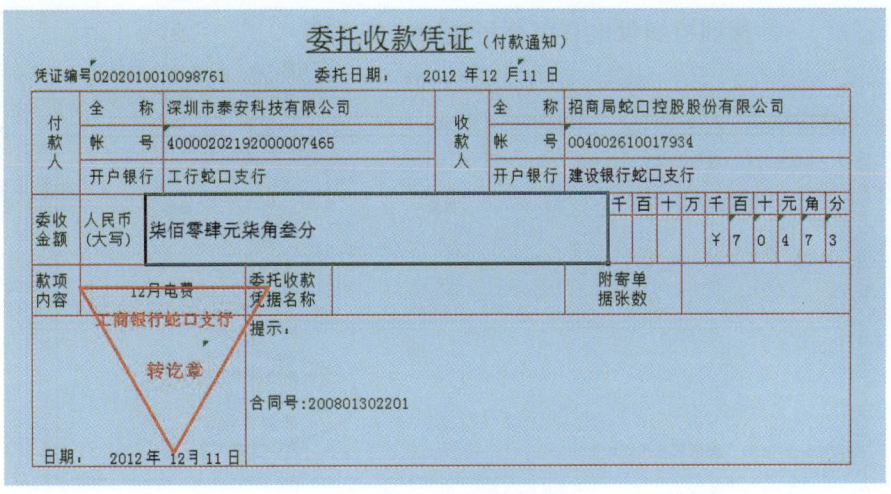

图 3-71　委托收款凭证（民用电）

关费用的报销手续。如行政管理部彦涛从供电公司取得电费发票，如图 3-72、3-73 所示。

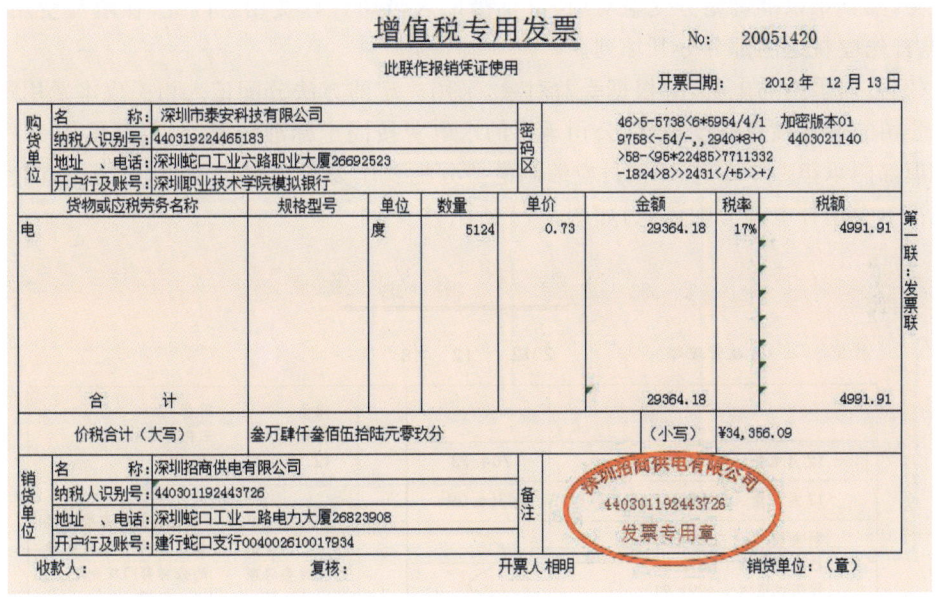

图 3-72　电费发票（工业用电）

经办人员彦涛持电费发票到财务部办理报销，填写"费用报销单"，经部门经理朴相良和部门主管领导王伟、财务经理、财务总监易明等领导审签。

会计人员在处理这张费用报销单时应注意：

(1) 公司交纳的电费中，公司经营场所部分，取得了增值税专用发票，其进项税额可以抵扣，电费金额应由公司承担。职工宿舍部分，由职工分摊部分根据人事管理部门提供的职工电费扣款明细表，从职工工资中代扣；企业分摊部分，属公司为职工提供非货币性福

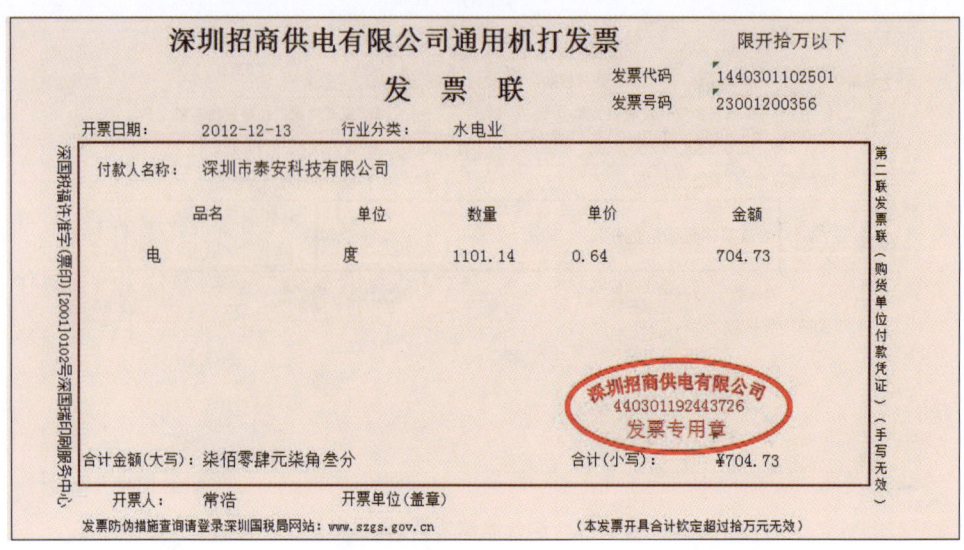

图 3-73 电费发票(民用电)

利开支,因其难以准确划分受益对象,可直接记入当期管理费用。因此,在填写费用报销单时,首先应将这两部分分开填列。

(2)公司承担的电费,应根据受益对象,采用一定的方法分配记入相关成本费用账户。根据公司的会计核算制度规定,公司承担的水电费按固定标准分配:制造部承担80%,行政管理部门承担20%。会计人员应编制电费分配表作为费用报销单的附件,或直接在费用报销单中增补电费分配信息,如图3-74所示。

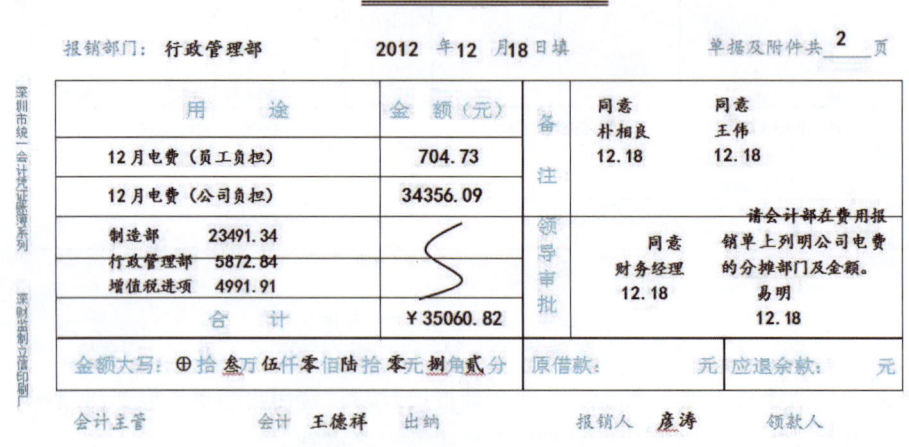

图 3-74 电费费用报销单

(3)职工宿舍电费部分,经办人员在报销电费时,若提供了人事部门编制的职工电费扣款明细表,按实际分配情况,将企业负担部分记入当期职工非货币性福利,将职工负担部分记入应付职工薪酬代扣款项。若未同时提供职工电费扣款明细表,会计人员无法确定具体分摊及代扣情况,可暂不进行账务处理,待取得职工电费扣款明细表时再编制相关会计分录。

如实训公司,彦涛报销电费时并未提供职工电费扣款明细表,此时,会计人员只处理企业负担电费部分,编制如下记账凭证:

借:制造费用　　　　　　　　　　　　　　　　　　　　　　　　23 491.34
　　管理费用　　　　　　　　　　　　　　　　　　　　　　　　 5 872.84
　　应交税费——应交增值税(进项税额)　　　　　　　　　　　 4 991.91
　　贷:其他应收款——蛇口供电公司　　　　　　　　　　　　　　　　34 356.09

月末,行政管理部门提供职工房租、水电费扣款明细表。图3-75是一份水费扣款明细表。

水费扣款明细表
2012年12月

房号	姓名	水费
招北2栋203	安博勇	315.31
兰园8栋305	易明	166.08
兰园8栋405	朴相良	84.33
四海4栋203	李佳侬	15.72
四海4栋203	汪静	17.91
合计		136.29

行政管理部

图3-75　职工水费扣款明细表

根据图3-74可以看出,职工宿舍电费全部由职工分摊,会计人员据以编制如下记账凭证,结平"其他应收款——蛇口代电公司"账户。

借:应付职工薪酬——工资　　　　　　　　　　　　　　　　　　704.73
　　贷:其他应收款——蛇口供电公司　　　　　　　　　　　　　　　　704.73

再如,公司支付职工宿舍房租3 000元,根据行政管理部门提供的房租、水电费分配表,分摊给职工的宿舍房租为2 850元,因有空置房间导致差额150元,由公司承担,会计人员据以编制如下记账凭证,结平"其他应收款——工业区住宅公司"账户。

借:应付职工薪酬——工资　　　　　　　　　　　　　　　　　　2 850.00
　　　　　　　　——非货币性福利　　　　　　　　　　　　　　　150.00
　　贷:其他应收款——工业区住宅公司　　　　　　　　　　　　　　　3 000.00

借:管理费用 150.00
　　贷:应付职工薪酬——非货币性福利 150.00

七、工会经费和职工教育经费

1. 职工教育经费和工会经费的计提

企业负担的工会经费和职工教育经费,一般在职工提供服务的月末,按职工当月应付工资总额的2%和1.5%比例计提;职工个人负担的工会会费,按其应缴金额在职工当月应付工资中代扣。

如实训公司在11月末按应发工资总额162 812.5元的2%和1.5%,分别计提了工会经费3 256.25元、职工教育经费2 442.19元,一方面按职工部门和服务对象分配计入当月成本费用账户,另一方面分别计入"应付职工薪酬——工会经费"和"应付职工薪酬——职工教育经费"账户的贷方。企业负担的工会经费按月划拨给工会,职工教育经费根据实际使用情况列支,因此,实训公司11月末"应付职工薪酬——工会经费"账户余额与当月计提额相同,需在12月全额划拨给工会,"应付职工薪酬——职工教育经费"账户余额大于当月计提额,说明有前期已计提但尚未支付的职工教育经费结余。

同时,公司11月从职工应付工资中代扣了职工应缴纳工会会费650元,计入了"其他应付款——工会"账户贷方。职工个人缴纳的工会会费每半年一次划拨给工会,因此,公司11月末"其他应付款——工会"账户余额大于11月代扣额,包括了之前月份已代扣但尚未划拨的工会会费。

2. 职工教育经费的支付

职工教育经费专门用于职工的培训教育,在实际支出后据实报销,如根据公司政策,会计人员参加会计培训后报销培训费用1 130元,填写"费用报销单",经相关领导审批后,从职工教育经费中支出,编制如下记账凭证:

借:应付职工薪酬——职工教育经费 1 130.00
　　贷:库存现金 1 130.00

应注意,职工教育经费属人事管理部门的专管费用,报销时,需经行政管理部门经理审批。

3. 工会经费的划拨

公司工会开立有独立的账号,从工资总额中计提的由公司负担的工会经费按月划拨给工会专户,其中40%归属上级工会,60%归属本公司工会。公司从职工工资中代扣的职工个人应缴纳的工会会费,每半年划拨给本单位工会专户。

根据期初相关资料,实训公司12月应将上月公司计提的工会经费3 526.25元的40%,即1 302.5元划拨给公司的上级工会"深圳市蛇口工业区工会委员会",60%即1 953.75元划拨给本公司工会。

经办人员划拨工会经费时,因需付款给公司工会和上级工会,需分别填写"付款申请书",经相关领导审批后分别支付给相应收款人。会计人员根据付款凭证进行如下账务处理:

借：应付职工薪酬——工会经费　　　　3 526.25

　贷：银行存款　　　　3 526.25

公司代扣的职工缴纳工会会费，待满半年后按以上方法全额划拨给单位工会，记入“其他应付款——工会”账户借方。

划拨工会经费后，应取得工会组织提供的专用工会经费结算凭证，如图 3-76 所示，否则工会经费支出不允许税前列支。会计人员可将该凭证归入工会经费划拨的原始凭证保存。

工会专用结算凭证（行政拨交工会经费缴款书）

缴款日期　2012 年 12 月 10 日

付款单位	全称	深圳市泰安科技有限公司			收款单位	（1）全称		深圳市泰安科技有限公司工会	金额
	账号	38822010120120001				比例 60%	账号	40000202192000003587	万千百十元角分
	开户银行	国泰安模拟银行					开户银行	工行深圳蛇口支行	￥195375
所属月份		2012年11月	职工人数	24		（2）全称		深圳市蛇口工业区工会委员会	金额
上月职工工资总额		162812.5	按2%计应缴交经	3256.25		比例 40%	账号	40000052013000006854	万千百十元角分
迟交天数			按1%计应缴滞纳				开户银行	工行深圳蛇口支行	￥130250
合计金额（大写）叁仟贰佰伍拾陆元贰角伍分									十万千百十元角分 ￥325625
缴款单位章			工会委员会章（深圳市蛇口工业区工会委员会）				银行盖章		

第二联：此联交缴款人作回单

图 3-76　工会专用结算凭证

八、月末职工薪酬费用计提分配与代扣款项结转

1.结算工资

(1)计算工资

月末，薪酬会计应及时取得人事部门提供的工资项目及标准、考勤记录、绩效考核资料、代扣款项等资料，编制工资计算表，计算各职工的应发工资和实发工资，并据以编制工资条、工资发放表。

职工代扣款项中：

①社会保险费和住房公积金根据公司本月为每个职工实际申报缴存数填列，与社会保险费和住房公积金缴交明细表核对相符。

②房租、水电费按行政管理部门提供的房租、水电费分配表填列，核对房租、水电费扣款明细表中各项总金额与本月实际支付金额，公司支付的职工宿舍房租、水电费未分配给职工部分应由公司负担，记入非货币性福利。

③职工个人缴纳的工会经费按职工应付工资总额的 0.4%比例计算后取整填列。

④个人所得税由会计人员计算填列，并据以填写个人所得税代扣代缴报告表。

(2) 分配工资费用

对审核无误的工资数据,按部门和服务对象进行汇总,编制工资费用汇总分配表,并据以编制工资费用分配的记账凭证,将职工薪酬分配计入当期成本费用。具体方法可参考公司社会保险费分配。

将工资计算表、工资汇总分配表以及其他工资计算资料作为工资费用分配的原始凭证保管,工资发放表单独存放,用于下月发放工资。

2. 结转代扣款项

根据工资费用汇总表中代扣款项总额,编制结转代扣款项的记账凭证,并将水费、电费、房租扣款明细表等代扣款项的明细扣款资料,作为原始凭证保管。

根据职工宿舍房租、电费、水费实际支付金额与代扣职工金额的差额,确认职工非货币性福利,编制相关记账凭证。

3. 计算分配工资附加费

工资附加费包括由公司负担的社会保险费、住房公积金、工会经费和职工教育经费等,具体处理方法参见本节相关内容。

第八节　期末处理

会计期末,会计人员要在完成日常经济业务处理的基础上,对会计资料作进一步的加工,其基本步骤为:根据企业具体经营情况和相关会计准则要求,对本期收入和费用进行调整;根据企业会计制度规定和成本计算要求,计算并结转存货出入库成本;结转损益,确认本期财务成果并进行利润分配;对账无误后,结账并编制会计报表;整理归档会计档案。

和日常业务处理相比,期末处理更依赖会计人员的职业判断,需要会计人员自主推进,因此,在进行期末处理时应注意两点:一是期末所做的账项调整和结转,应尽可能编制"摊销表"、"折旧计算表"、"成本计算表"、"税费计算表"等,或在记账凭证上列明计算过程,以明确调整依据,便于查证;二是期末处理存在一定的逻辑顺序,应按正确的处理步骤进行,同时,要结合会计软件的功能设计,注意软件各子系统之间的数据关联关系,正确调用相关软件功能,完成期末处理。

下面以实训公司的会计软件应用模式为例,说明期末处理的具体步骤。

一、期末账项调整

期末对公司收入和费用进行的调整,需要结合企业具体经营活动分析确定。在不同行业企业中,具体调整内容有较大的差异,从而要求会计人员一方面要具备相关专业知识,熟悉会计准则相关规定;另一方面要了解企业具体经营业务,准确分析界定调整内容。一般来讲,对收入和费用的调整可以从以下四个方面入手:

1. 分摊应负担的已记账支出

企业日常发生的各项支出,除当期受益的费用化支出直接记入了当期费用外,其他均记入了相关资产。根据现行会计准则的规定,期末,会计人员可对企业持有的有减值迹象的各项资产进行期末计价,计提各项资产减值损失;同时,检查"固定资产"、"无形资产"、"长期待摊费用"等长期资产账户,确认本期是否受益,以及受益应分摊金额,将本期应分摊部分计入相关费用账户。

(1)有外币核算的,在"总账"及"应收款管理"、"应付款管理"子系统中进行期末汇率调整。

(2)在"应收款管理"子系统中计提坏账准备。

(3)在"存货核算"子系统中计提存货跌价准备。

(4)在"固定资产"子系统中,录入采用工作量法计提折旧的固定资产的当月实际工作量,计提并分配本期折旧费用,根据"折旧分配表"生成折旧费用记账凭证,打印"折旧分配表"作为原始凭证,计提固定资产减值准备。

(5)在"总账"系统中录入相关记账凭证,计提在建工程减值准备、长期股权投资减值准备、持有至到期投资减值准备、无形资产减值准备、商誉减值准备。

(6)编制"无形资产摊销表"和"长期待摊费用摊销表",在总账系统中录入摊销无形资产和长期待摊费用的记账凭证,若无形资产和长期待摊费用摊销情况较为简单,如实训公司,无形资产只有一项软件需摊销,长期待摊费用也只有上年预订的报纸、杂志费需摊销,此时也可以不编制摊销表,直接将摊销金额计算过程在记账凭证摘要栏注明。

(7)有融资租入固定资产的,检查"未确认融资费用"账户,采用实际利率法计算分摊本期未确认融资费用,在"总账"系统中录入记账凭证。

根据实训公司的会计制度,公司目前只按"应收账款"期末余额的3%计提坏账准备,其他资产暂不计提减值损失。

2.确认实现的已记账收入

此类调整业务主要涉及"预收账款"和分期收款销售中的"未实现融资收益"账户,月末,会计人员应检查该账户,对已符合收入确认条件的应转作当期收入。

经检查,实训公司不存在此类调整业务。

3.计提应负担但尚未记账的费用

此类调整主要针对企业先受益后支出的费用,如分期及到期一次付息的借款利息、职工薪酬、部分税费等,期末,会计人员采用计提等方式将其记入当期损益。由于对此类费用确认时,一方面记入当期成本费用账户,另一方面记入相关负债项目,因此,可通过负债账户来查找和确定相关调整内容。实训公司当月需在"总账"系统中录入相关凭证,计提以下费用:

(1)计提各项借款利息

检查"短期借款"、"长期借款"、"应付债券"、"长期应付款"等账户,公司有一项到期一次还本付息的长期借款,应计提当月负担的利息2.5万元。

(2)计提应付职工薪酬

根据职工的部门及服务对象,分配确认当期工资费用,以及保险费、福利费、工会经费、职工教育经费等工资附加费用,实训公司的处理方法详见本章工资薪酬业务处理部分。

(3) 计提相关税费

根据税收申报和缴纳程序的规定,月末会计人员应作如下涉税处理:

① 根据当月相关业务资料和账簿记录,填写增值税纳税申报表。

② 根据当月应纳增值税相关资料,计算本月应缴的城市维护建设税和教育费附加,填写地方综合纳税申报表,并在"总账"系统内录入计提城建税和教育费附加的记账凭证。

4. 计提已取得但尚未记账的收入

此类调整主要从两方面入手,一是根据公司的具体经营业务特点,对提供劳务的收入在期末按工程进度或完工百分比等方法确认收入;二是检查"交易性金融资产"、"长期股权投资"、"持有至到期投资"等账户,确认相关投资收益。根据实训公司资料,月末,会计人员需确认以下收入:

(1) 确认交易性金融资产的公允价值,在总账系统中录入记账凭证,将交易性金融资产的公允价值与账面价值的差额记入当期公允价值变动损益。

(2) 公司持有的 600 万元到期一次还本付息的国债,每半年计提一次应计利息,本月应计提半年利息 9.45 万元,在总账系统中录入记账凭证,确认持有至到期投资收益。

(3) 公司持有深圳科创有限公司 40% 的股权投资,采用权益法核算。会计人员在年末必须及时取得该公司的会计报表,在"总账"系统中录入记账凭证,确认该项长期股权投资的投资收益。

二、结转存货出入库成本

根据公司的会计核算制度,购入的原材料、周转材料设置"材料采购"科目归集采购成本,原材料、周转材料的出、入库的总分类核算,于月末根据出、入库单据汇总进行。

因此,月末会计人员需计算及结转的成本包括:材料采购成本、发出材料成本、完工产品生产成本以及销售产品成本。

1. 结转材料采购成本

在"存货核算"子系统中分两类结转材料采购成本:一类是已取得发票账单的入库单,汇总生成结转入库成本的记账凭证;另一类是尚未取得发票账单的入库单,进行暂估入库,在外购入库单上录入暂估价,记账后汇总生成暂估入库的记账凭证。处理方法详见本章采购业务处理部分。

2. 结转发出材料成本

对采用"全月一次加权平均"法计算发出存货成本的实训公司,首先需要对"采购管理"、"销售管理"和"库存管理"子系统进行结账;然后在"存货核算"子系统中对"原材料"仓库进行"期末处理",确定各种原材料的加权平均成本;最后在"存货核算"子系统中对原材料出库单据汇总生成结转发出材料成本的记账凭证。

3. 进行成本核算,计算并结转完工产品成本

(1) 根据"总账"系统的账簿资料和制造费用的分配方法,分配本期制造费用,在"总账"系统中录入结转分配制造费用的记账凭证。

(2) 根据"总账"系统的账簿资料,计算本月完工产品的总成本和单位成本,进入"存货

核算"子系统,在本期产品入库单上补充入库价格,对产品入库单进行"记账"操作并汇总生成结转完工入库产品成本的记账凭证。

4.结转本期销售产品成本

在"存货核算"子系统中对"产成品"仓库进行"期末处理",确定各种产品的加权平均成本,再对产品出库单据汇总生成结转产品出库成本的记账凭证。

三、结转损益、确认本期财务成果

具体步骤为:

1.将本期取得的各项收入结转到"本年利润"账户。

2.将本期发生的各项费用结转到"本年利润"账户。

3.计算并结转所得税。根据本期的利润总额,按本企业适用的所得税率计算并结转本月应交所得税。

4.根据相关法规制度的规定以及投资者的决议进行利润分配。

5.年末,将"本年利润"及"利润分配"的各明细账户的余额,全额结转到"利润分配——未分配利润"账户中。

以上处理可以在"总账"系统中录入相关记账凭证,也可以利用该系统的自动转账分录进行处理。

四、对账结账

1. 在会计软件各子系统中进行对账

(1)库存管理系统:库存管理系统的内部对账,以及库存管理系统与存货核算系统对账;

(2)存货核算系统:与总账系统对账;

(3)固定资产管理系统:与总账系统对账;

(4)总账系统:总账与明细账、总账与部门账、总账与个人往来账、总账与项目账核对,以及总账进行试算平衡。

2.进行财产清查,保证账实相符

(1)清点库存现金,与现金日记账核对相符;

(2)和银行对账,编制银行存款余额调节表,与银行存款核对相符。

3.按一定顺序对会计软件各子系统进行结账

由于各子系统间的数据关联关系,结账应按以下顺序进行:

(1)采购管理系统和销售管理系统;

(2)库存管理系统;

(3)应收款管理、应付款管理、固定资产管理、存货核算系统;

(4)总账系统;

(5)在年度结账时,除了在各子系统执行结账功能外,还需在系统管理中执行年度账结转功能,产生下年度的数据库文件结构,结转年度余额。

五、编制会计报表

在会计软件的报表子系统中,对公司的会计报表进行设置,并计算生成当期会计报表。

六、会计档案整理

在每一会计期末,会计部门应对本期所形成的会计档案,按照归档要求进行整理立卷,装订成册,并按照会计档案保管要求进行妥善保管。

1. 会计凭证的整理与装订

会计凭证一般应按月整理,并装订成册。

(1) 会计凭证的整理

前已述及,平时会计人员处理各类业务时,应将每笔业务的原始凭证粘贴在粘贴单上,及时打印机制记账凭证,将原始凭证粘贴单和记账凭证的左上角粘贴在一起,妥善保管。

月末,首先将当月会计凭证收集齐全,按凭证号顺序整理排列;然后将会计凭证按适当的厚度分成若干册,每册的厚度应尽可能保持一致。

(2) 会计凭证的装订

会计凭证可以采用侧面装订或顶角装订。侧面装订是在会计凭证左侧约1厘米处打两个装订孔装订,较为牢固、美观,但容易给某些原始凭证的翻查带来不便;顶角装订是在会计凭证左上角,距上角顶端2～4厘米范围内打两个装订孔装订,这样更便于原始凭证翻阅,但牢固程度不如侧面装订,常需要使用凭证包角来遮盖装订孔线。

装订好的会计凭证要加具封面,封面上注明单位及凭证名称、日期、起止号码、本月共几册、本册为第几册等内容,并由会计主管人员和装订人员分别签章。

对于数量过多的原始凭证,如存货的出入库单据,可以单独装订保管,在封面上注明记账凭证日期、编号、种类,同时在记账凭证上注明"附件另订"和原始凭证名称及编号。

2. 会计账簿的整理

年度终了,要从会计软件中打印输出各类账簿,并按账簿类型和账页格式分册装订,加具封面,粘贴印花税票。

3. 会计报表的整理

年度终了,应将全年的会计报表先按种类、再按时间顺序排列并装订成册,加具封面,并在封面中注明报表的名称、页数、归档日期等,经财务负责人审核、盖章后归档。

4. 账套备份

年度终了,应对会计软件进行备份,并妥善保管备份文件。

第4部分　部门资料

一、行政管理部

1. 企业资质文件

图 4-1　企业法人营业执照

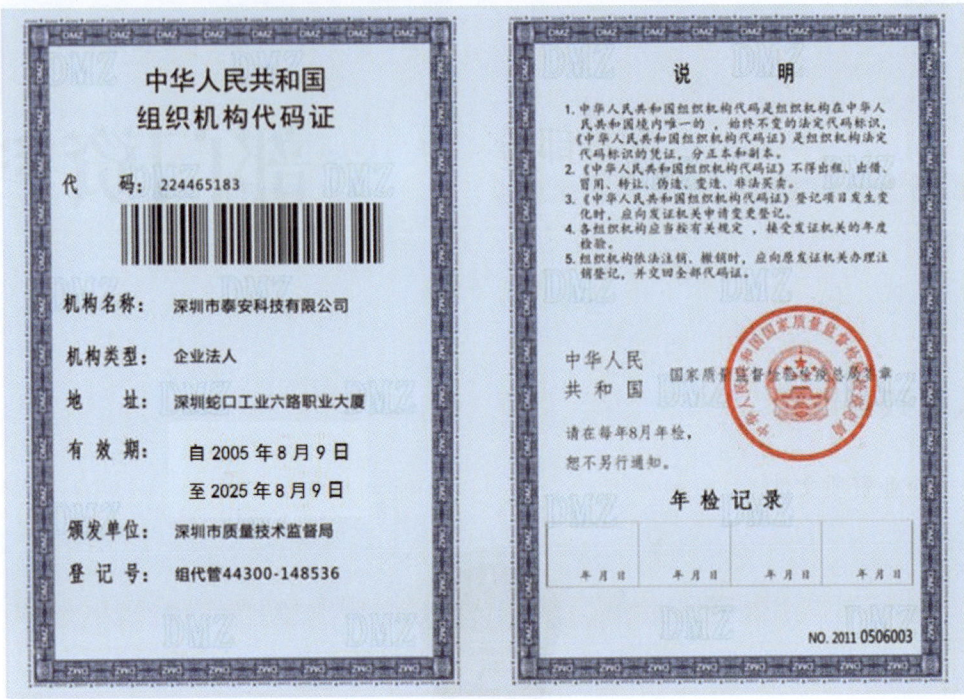

图 4-2　中华人民共和国组织机构代码证

图 4-3　税务登记证

2.企业内部机构设置

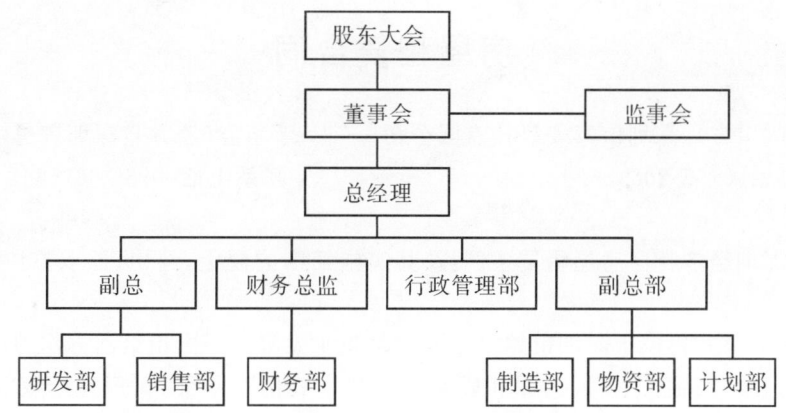

图 4-4 企业内部机构设置

3.职员档案

表 4-1 职员档案

姓名	部门	职务
王伟	总经办	总经理
安博勇	总经办	副总经理
陈冬	总经办	副总经理
易明	总经办	财务总监
袁莉	总经办	秘书
王红发	销售部	经理
李佳侬	销售部	职员
秦向荣	销售部	职员
A	财务部	经理(注:用实训学生实名)
B	财务部	职员(注:用实训学生实名)
C	财务部	职员(注:用实训学生实名)
D	财务部	职员(注:用实训学生实名)
E	财务部	职员(注:用实训学生实名)
朴相良	行政管理	经理
彦涛	行政管理	职员
盛成治	制造部	主任
汪静	制造部	模块生产工人
陈红	制造部	充电器生产工人
周志军	制造部	工程师
郑向阳	物资部	经理
于波	物资部	职员
方华	物资部	职员
朱利	计划部	经理
江民民	计划部	职员

4.部门合同

房屋租赁合同

出租方(甲方):深圳市泰安科技有限公司　　承租方(乙方):深圳三勇建材商场
联系电话:0755-26692523　　　　　　　　联系电话:0755-6675842

根据《深圳经济特区房屋租赁条例》及其实施细则的规定,经甲、乙双方协商一致,订立本合同。

第一条　甲方将位于深圳市蛇口工业六路职业大厦一层出租给乙方作为销售门店使用。该建筑物共四层,产权人为深圳职业网络技术股份有限公司,房地产权利证书号为"深房地字第3000638821",出租房屋为一层,建筑面积共计360平方米。

第二条　乙方租用出租房屋的期限自2011年12月1日至2016年11月30日止。

第三条　租金每月人民币壹万贰仟元整(12000.00),乙方于每月30日前按月支付,逾期未交,甲方按日收取未付款项1‰的滞纳金。

第四条　乙方需缴纳3万元房屋租赁押金,签订合同后,乙方违约给甲方带来的经济损失,甲方有权从押金中扣除,租赁期满,乙方结清各项费用后,押金退还乙方。

第五条　租赁期间,房屋的水费、电费、管理费等各项费用由乙方负担。

第六条　乙方使用租赁房屋时不得擅自改变房屋结构,对房屋进行装修必须征得甲方同意,并可要求乙方在租赁期满恢复原状。乙方故意或过失造成损毁,应负责修复原状,并赔偿恩甲方经济损失。

第七条　乙方不得将房产私自转租或转借他人,如经发现,甲方有权立即终止合同,收回房屋,没收押金。

第八条　甲乙双方若要续签合同,双方须在合同期满前2个月进行磋商。

第九条　合同未到期前,甲乙双方不得借故解除合同,如甲方需收回自用或乙方因故要退租,均须提前1个月通知对方,并赔偿对方3个月租金。

第十条　本合同自双方代表签字后生效,合同一式两份,甲乙双方各持一份,均具同等效力。

甲方:深圳市泰安科技有限公司
代表:朴相良
2011年11月30日

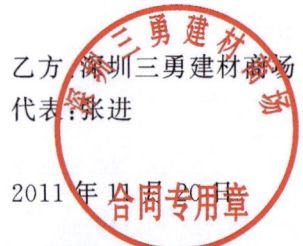
乙方:深圳三勇建材商场
代表:张进
2011年11月30日

图4-5　房屋租赁合同

服务器托管协议

甲方：深圳市泰安科技有限公司　　　　乙方：深圳友联工贸有限公司

第一条　协议项目与定义

1.1 服务器托管是指将属于乙方所有的服务器置于甲方机房环境，从而为 Internet 上的用户提供信息服务。乙方自己负责其服务器的硬件配置和软件安装、升级、服务器管理和故障的排除，并购买相关软件使用权。

1.2 除非明确注明，本协议所涉及的服务器托管以下统称"服务器"。

1.3 本协议中"双方"仅指本协议的缔约方，即上述乙方和甲方。

第二条　双方的权利和义务

2.1 乙方的权利和义务

2.1.1 乙方利用服务器进行以 WWW 为主的信息服务，同时可以配置和使用支持信息发布的需要身份验证的 FTP 服务、Telnet 等 Internet 功能和数据库，可以安装乙方需要的软件。若乙方利用服务器进行以非 WWW 为主的其他服务如聊天室、BBS 等，乙方应事先向甲方提出书面申请。经甲方同意后，才能对外提供相关服务，否则由此产生的全部责任都将由乙方自行承担。

2.1.2 乙方不得利用托管服务器从事对外盈利服务，比如虚拟主机或磁盘空间出租等服务。乙方不得将服务器用作代理服务器(Proxy)。

2.1.3 乙方须遵守《中华人民共和国计算机信息网络国际联网管理暂行规定》、《中华人民共和国计算机信息网络国际联网管理暂行规定实施办法》等相关国家法律和深圳职业网络技术股份有限公司机房管理制度，以及甲方的其他管理规定，不得制作、复制、发布、传播任何法律法规禁止的有害信息。乙方对其管理和发布的信息违反上述规定而引起的任何政治责任、法律责任和给甲方造成的经济损失承担全部责任。

2.1.4 乙方必须依照《互联网信息服务管理办法》、《互联网电子公告服务管理规定》的规定保留自己网站的访问日志记录，包括发布的信息内容及其发布时间、互联网地址(IP)、域名等，该记录在国家有关机关依法查询时必须提供。乙方自行承担由于其未按规定保留相关记录而引起的全部责任。

2.1.5 乙方承诺不会利用服务器从事 Internet 上为国家法律法规或公共道德所禁止的或不欢迎的活动，同时承诺不得为他人发布上述不符合国家规定和/或本协议约定的信息内容提供任何便利，包括但不限于 URL、BANNER 链接等。乙方承认甲方有权根据甲方自己谨慎的判断来决定乙方发布的内容是否构成违反协议或者国家的有关规定，上述活动和信息包括但不限于：散布电子邮件广告、垃圾邮件(SPAM)；利用服务器散发大量不受欢迎的或者未经请求的电子邮件、电子广告或包含反动、色情等有害信息的电子邮件；通过散布大量不受欢迎的或者未经请求的电子邮件、电子广告等为其放置于服务器上的网站进行宣传、介绍或者招揽业务。涉及国家秘密和/或安全的信息；封建迷信和/或淫秽、色情、下流的信息及教唆犯罪的信息；博彩有奖、赌博游戏；违反国家民族和宗教政策的信息；妨碍互联网运行安全的信息；侵害他人合法权益的信息和/或其他有损于社会秩序、社会治安、公共道德的信息或内容。

2.1.6 乙方指定专人负责所托管的服务器，以及所发布信息的维护、审核、监督工作。

2.1.7 乙方对存放在服务器上的数据以及进入和管理服务器的口令、密码的完整性和保密性负责。因乙方维护不当或保密不当致使上述数据、口令、密码等丢失或泄漏所引起的一切损失和后果均由乙方自行承担。

2.1.8 乙方自行负责服务器的软硬件系统维护工作，由服务器的软硬件故障引起的相关责任由乙方承担。

2.1.9 乙方自行解决服务器上所需要的软件版权（许可/使用权）以及由此造成的法律纠纷。

2.1.10 乙方如需在托管服务器上安装任何本协议约定设备范围之外的设备、硬件或者在托管设备之外在甲方处放置任何设备、物品，均需另行向甲方提交书面申请，否则甲方将有权拆除乙方自行安装的协议外设备。

2.1.11 乙方托管的服务器设备，应是机架式服务器，建议配备双电源供电模块。由于不合格产品导致的火灾或电力故障等一切后果损失均由乙方承担。

2.1.12 乙方需要进入服务器机房进行维护操作时，必须提前一个工作日向甲方提出书面申请。如非乙方单位人员需进入机房，必须有乙方单位正式员工全程陪同。

2.1.13 乙方托管服务器进机房前，必须如实填写本协议附表 A-1、A-2 和 A-3，并盖章提交给甲方。在服务器应用变更时，必须填写附表 A-4 表，盖章提交给甲方。

2.2 甲方的权利和义务

2.2.1 甲方向乙方提供基础的机房环境机房设施，负责服务器设备物理位置的摆放、接入网络的畅通，并保证乙方服务器主机的设备安全。

2.2.2 当甲方发现乙方服务器异常时，有义务通知乙方及时处理，若乙方在 24 小时内未及时响应，甲方有权断网、暂停直至终止该服务器运行。

2.2.3 保留因乙方违反本协议所规定条款而终止服务器运行的权利。

2.2.4 因甲方原因，造成服务器的正常工作中断，甲方有义务及时通知乙方。

2.2.5 若因上级部门使得本协议相关的条款发生变更而导致本协议无法继续履行，甲方有解释权。

第三条 责任限制

甲方在进行网络设备维护时需要短时间中断服务，或者由于 Internet 上通路的阻塞造成乙方服务器访问速度下降或中断，乙方均认同是正常情况，不属于甲方违约。鉴于计算机及互联网的特殊性，因黑客、病毒、电信部门技术调整等引起的事件，乙方亦认同不属于甲方违约。

第四条 托管费用

乙方每月向甲方支付服务器托管费人民币贰仟伍佰元整。

本协议正本一式两份,签约方各持一份。

甲方:深圳市泰安科技有限公司　　　乙方:深圳友联工贸有限公司
代表:陈可铭　　　　　　　　　　　　代表:李淑权

2011年11月20日　　　　　　　　　　2011年11月20日

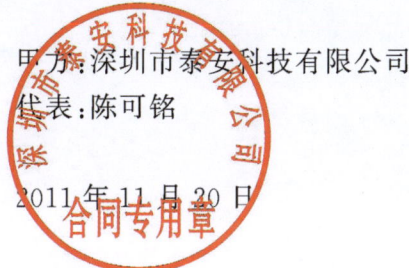

图 4-6　服务器托管协议

二、销售部

1.

深圳市泰安科技有限公司月销售计划表

2012年 12月

品　种	数量	单价	金额
K3900旅行充电器	25000	36.80	920000.00
K100旅行充电器	50000	34.70	1735000.00
K100座式充电器	45000	40.50	1822500.00
KF534T模块	65000	50.50	3282500.00
三星A188	3000	1860.00	5580000.00
合　计			13340000.00

制表:秦向荣　　销售部:王红发　　计划部:朱利　　主管:陈冬

表 4-7　销售计划表

2.

客户资料

单位名称:郑州普泰移动通讯设备股份有限公司
税务登记号:410104268080041

地址:郑州经济技术开发区创业中心科技楼

电话:0371-7770403

开户行:农行陇西支行

账号:3090872112980

单位名称:成都永好电子科技有限公司

税务登记号:51010771603698X

地址:成都市洗面桥街12号

电话:028-5588762

开户行:招行小天支行

账号:1081228310088

单位名称:北京科林电视设备公司

税务登记号:110108700216385

地址:北京东四北大街204号

电话:010-64019958

开户行:工行北新桥分理处

账号:04004198

单位名称:中国航空工业总公司第六〇七所

税务登记号:511011906403288

地址:四川内江市第三号信箱

电话:0832-2023786

开户行:工行内江东兴回龙分理处

账号:2210032384

单位名称:长沙现代广播电视设备厂

税务登记号:430103X13390547

地址:长沙市下家坡38号

电话:0731-5125567

开户行:商业银行银德支行

账号:9801013020000061

单位名称:武汉市长江电讯器材厂

税务登记号:420103177839638

地址:武汉市汉口下路杨汉湖小区49栋裙楼

电话:027-85883972

开户行:商业银行前进支行

账号:8913682010512649797

单位名称:潍坊太阳网络技术有限公司
税务登记号:370704X16816937
地址:山东潍坊市北海路 28 号
电话:0536-7608766
开户行:交行东风街支行
账号:0842015025386

单位名称:杭州广播电视新技术有限公司
税务登记号:330106143226947
地址:杭州市天目山路 64 号
电话:0571-8863624
开户行:农行留下分理处
账号:71020112327633

单位名称:深圳市佳视达实业有限公司
税务登记号:440301192438483
地址:深圳福田八卦一路 628 栋 4 楼
电话:0755-82122765
开户行:建行福田支行
账号:2630457973

单位名称:中国科健股份有限公司
税务登记号:440301192440560
地址:福田彩田路联合广场 B 座 6 楼
电话:0755-82900646
开户行:招行福田支行
账号:1280403710001

单位名称:深圳智通商贸有限公司
税务登记号:440301192446593
地址:蛇口工业八路 6 号
电话:0755-26674328
开户行:招行蛇口支行
账号:1280406780001

GUMSUNG TRADING CORPORATION
RM.1108 CINEMA CITY OFFICE, 92-2,
Sangbongdong, Jungrangku, Seoul, Korea.
TEL:82-2-439986

3.商品销售合同(样板)

合同编号:XSCQ09-02

深圳市泰安科技股份有限公司

商品销售合同

商品销售框架合同

供方(甲方):深圳市泰安科技有限公司
注册地址:深圳蛇口工业六路职业大厦
营业执照号码:4403192475466
联系人:方华　邮编:518048
联系电话:0755-26673482　传真:0755-26696523
EMAIL:fhua@szgf.com

需方(乙方):中国科健股份有限公司
税务登记证:深圳福田区彩田路联合广场B座6楼
营业执照号码:4403256125660
联系人:陈立果　邮编:518042
联系电话:0755-82900646　传真:0755-82900640
EMAIL:ckjclg@163.com

鉴于供需双方同意建立一种长期的合作关系,依据《中华人民共和国合同法》、《中华人民共和国产品质量法》等国家相关法律法规,经友好协商,就以下条款达成商品购销协议:

一、订货:

1.交易双方在交易前应详细讨论甲方将提供的货物,并在采购条件确认书中达成一致,由双方签字确认。采购条件确认书可以由双方根据实际情况的变化而不时地进行修改,但该修改也必须有双方签字确认。

2.甲乙双方每个具体交易应以订单的形式完成。乙方应于每季度末向甲方提供下一季度的订购计划,并于每月15日前确定并正式向甲方提出下月购货订单,以便甲方及时安排生产和采购。甲方在接到正式订单30天内交货,具体时间以订单中双方约定为准。

二、价格:甲方在某一阶段内固定商品销售价格,经固定的销售价格的提高必须至少提前一个月向乙方提出,并经乙方同意后方可提价,同时在提价前甲方必须保证满足对乙方的供货数量要求,不得擅自减少。如甲方自行降价,必须在执行降价前十个工作日书面通知乙方。

三、质量要求技术标准:按照国家质量标准执行并附带检验报告及合格证资质。

四、运输与包装:由甲方负责运输和包装,费用及运输途中风险由甲方负担。

五、产品检验:

1.乙方于收货之日起五日内进行检验,并将产品规格、数量、质量等不符合约定的情况通知甲方,并要求甲方予以更换或补齐数量。

2.甲方出卖的产品有质量保证期的,在质量保证期内,乙方有权要求甲方予以更换或修复。

六、结算方式及期限:甲方于每月末汇总本月向乙方实际供货的数据,向乙方开具增值税专用发票。乙方在商品交货后六个月内一次性付清合同额全款。

七、不可抗力及风险承担:

1.甲方因不可抗力原因不能如期交货或不能交货时,应积极采取措施,防止损失扩大并及时通知乙方。甲方凭有权机关出具的证明,不承担违约责任。甲方没有积极采取措施,或者未及时通知乙方,应当对乙方损失承担赔偿责任。

2.产品损毁、灭失的风险,甲方在乙方仓库交付前由甲方承担,在乙方仓库交付后由乙方承担。

八、违约责任:如供方不能按时交货,则每延期1天应向需方缴纳合同总额0.2%的罚金,但罚金总额不能超过合同总额的5%,若延期超过180天,需方有权取消或继续该合同,并向供方追索30%的合同款罚金。若需方不能按时付款,则每延期1天应向供方缴纳合同总额0.2%的罚金,但罚金总额不能超过合同总额的5%,若延期超过180天,供方有权取消或继续该合同,并向需方追索30%的合同款罚金。

九、合同争议解决方式为:履行本合同发生的争议,由当事人协商解决,协商不成的,提交需方所在地仲裁委员会仲裁。

十、本合同壹式贰份,供方需方各执壹份,双方签字盖章后立即生效,双方基于本合同订货的订货单、确认书均具有法律效力。

甲方:深圳市泰安科技有限公司
授权代表:郑向阳
2012年9月1日

乙方:中国科健股份有限公司
授权代表:陈立果
2012年9月1日

图 4-8　商品销售合同

三、制造部

1.生产计划

12月生产计划:

(1)月初在产品KF534T模块6 000件,11月28日投入生产,本月继续加工,4日完工;

(2)5日投入生产30 000套K3 900手机充电器,10日完工;

(3)11日投入生产40 000套K100手机旅行充电器,18日完工;

(4)19日投入生产30 000套K100手机座式充电器,25日完工;

(5)26日投入生产48 000套K100手机旅行充电器,月末在产。

2.工时记录

深圳市泰安科技有限公司工时记录表

2012年12月

日期	生产产品	投产数量	完工数量	开始	结束	工时（小时）	备注
1	公休						
2	公休						
3	KF534T模块	上月在产		8:30	17:30	8	午休1小时
4	KF534T模块		6000	8:30	17:30	8	
5	K3900充电器	30000		8:30	17:30	8	
6	K3900充电器			8:30	17:30	8	
7	K3900充电器			8:30	17:30	8	
8	公休						
9	公休						
10	K3900充电器		30000	8:30	17:30	8	
11	K100旅行充电器	40000		8:30	17:30	8	
12	K100旅行充电器			8:30	17:30	8	
13	K100旅行充电器			8:30	17:30	8	
14	K100旅行充电器			8:30	11:30	3	下午部门培训
15	公休						
16	公休						
17	K100旅行充电器			8:30	17:30	8	
18	K100旅行充电器		40000	8:30	17:30	8	
19	K100座式充电器	30000		8:30	17:30	8	
20	K100座式充电器			8:30	17:30	8	
21	K100座式充电器			8:30	17:30	8	
22	公休						
23	公休						
24	K100座式充电器			8:30	17:30	8	
25	K100座式充电器		30000	8:30	12:30	5	产品完工车间检修
26	K100旅行充电器	48000		8:30	17:30	8	
27	K100旅行充电器			8:30	17:30	8	
28	K100旅行充电器			8:30	17:30	8	
29	公休						
30	公休						
31	K100旅行充电器	月末在产		8:30	17:30	8	

制表：周志军　　　　　　　　　　审核：盛成治

图 4-9　工时记录表

四、采购部

1.合格供应商目录

合格供应商目录

SCOM NEW TECHNOLOGY LTD
Unit 1C & 1D,14/F,Tower 2,Admiralty Centre,18 Harcourt Road,Hong Kong
TEL:(852)27968033
FAX:(852)27551468
BANK:

单位名称:深圳金贝尔通讯技术有限公司
税务登记号:440301618905282
地址:深圳南山区北环大道塘尾小区厂房
电话:0755-26636524
开户行:招行南山支行
账号:3081924510001

单位名称:中国机械进出口深圳公司
税务登记号:440301190350924
地址:深圳深南东路 168 号金丰城 B 座 20 层
电话:0755-82070363
开户行:中国银行深圳分行
账号:0101010106253

单位名称：深圳赛格股份有限公司
税务登记号:440301192438674
地址:深圳深南中路赛格广场 2 楼
电话:0755-83675137
开户行:工商银行华强支行
账号:4327563201

单位名称:华强三洋电子有限公司
税务登记号:440301192448360
地址:深圳深南中路电子科技大厦 22 楼
电话:0755-83673849

开户行:招行华强支行
账号:3081975350001

单位名称:深圳光辉电子有限公司
税务登记号:440301192497930
地址:深圳南油工业区38栋4楼
电话:0755-26483654
开户行:建行南油支行
账号:2630653470

单位名称:上海永隆模具有限公司
税务登记号:3405022187839927
地址:上海浦东高新路486号
电话:027-28769465
开户行:工行浦东支行
账号 3327036587

2.商品采购合同(样板)

合同编号:CG2012-1201

深圳市泰安科技有限公司

商品采购合同

商品采购合同

供方(甲方)：深圳光辉电子有限公司　　　　合同编号：CG2012-1201
需方(乙方)：深圳市泰安科技有限公司　　　　签订时间：2012-12-01

依据《中华人民共和国合同法》、《中华人民共和国产品质量法》等国家相关法律法规，经供需双方友好协商，就以下条款达成商品购销协议：

一、甲方向乙方供应以下产品：

货物或应税劳务名称	规格型号	单位	数量	单价	金额	税率	税额
二极管 IN4148			600 000	0.04	25 200.00	17%	4 284.00
二极管 FR107			400 000	0.08	31 200.00	17%	5 304.00
二极管 SR260			100 000	0.05	4 800.00	17%	816.00
二极管 P6KE200A			160 000	0.08	13 120.00	17%	2 230.40
合　计					74 320.00		12 634.40
价税合计(大写)	捌万陆仟玖佰伍拾肆元肆角			(小写)	￥86 954.40		

二、质量要求技术标准：按照国家质量标准执行并附带检验报告及合格证资质。

三、运输与包装：由甲方负责运输和包装，费用及运输途中风险由甲方负担。

四、交货时间：甲方交货期限为2012年12月01日至2012年12月10日。甲方应当于具备交付条件时及时通知乙方，并及时组织运输。

五、产品检验：

1.乙方于收货之日起五日内进行检验，并将产品规格、数量、质量等不符合约定的情况通知甲方，并要求甲方予以更换或补齐数量。

2.甲方出卖的产品有质量保证期的，在质量保证期内，乙方有权要求甲方予以更换或修复。

六、结算方式及期限：商品交货后三个月内一次性付清合同额全款。甲方向乙方开具增值税专用发票。

七、不可抗力及风险承担：

1.甲方因不可抗力原因不能如期交货或不能交货时，应积极采取措施防止损失扩大并及时通知乙方。甲方凭有权机关出具的证明，不承担违约责任。甲方没有积极采取措施，或者未及时通知乙方，应当对乙方损失承担赔偿责任。

2.产品损毁、灭失的风险，甲方在乙方仓库交付前由甲方承担，在乙方仓库交付后由乙方承担。

八、违约责任：如供方不能按时交货，则每延期1天，应向需方缴纳合同总额0.2%的罚金，但罚金总额不能超过合同总额的5%，若延期超过180天，需方有权取消或继续该合同并向供方追索30%的合同款罚金。若需方不能按时付款，则每延期1天应向供方缴纳合同总额0.2%的罚金，但罚金总额不能超过合同总额的5%，若延期超过180天，供方有权取消或继续该合同并向需方追索30%的合同款罚金。

九、合同争议解决方式为:履行本合同发生的争议,由当事人协商解决,协商不成的,提交需方所在地仲裁委员会仲裁。

十、本合同壹式贰份,供方需方各执壹份,双方签字盖章后立即生效,合同原件传真件以及与原件核对无异的复印件均具有法律效力。

甲方:深圳光辉电子有限公司　　　　乙方:深圳市泰安科技有限公司

授权代表:李向东　　　　　　　　　　授权代表:郑向阳

2012年12月10日　　　　　　　　　　2012年12月10日

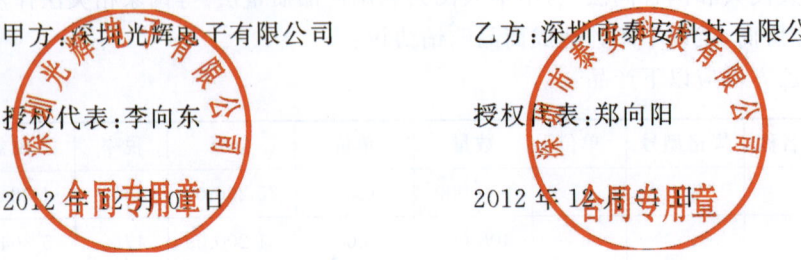

图 4-10　商品采购合同

五、财务部

(一)期初账务资料

1.总账科目余额表

表 4-2　总账科目余额表

	借方余额			贷方余额
银行存款	2 817 274.56		应付票据	3 510 000.00
其他货币资金	1 015 980.00		应付账款	1 063 150.75
应收票据	6 773 200.00		其他应付款	2 915.00
应收账款	5 255 030.93		应付职工薪酬	153 345.91
坏账准备	−26 275.15			
预付账款	300 000.00		应付股利	
其他应收款	10 000.00		应交税费	94 110.69
原材料	4 255 030.93		长期借款	5 270 000.00
生产成本	193 946.71		应付债券	
库存商品	10 704 323.00			
长期待摊费用	450.00		实收资本	50 000 000.00
长期股权投资	15 000 000.00		资本公积	
持有至到期投资	6 047 250.00		盈余公积	9 269 319.78
固定资产	24 391 200.00		本年利润	1 046 375.66

续表

	借方余额			贷方余额
累计折旧	−4 860 525.96		利润分配	1 503 067.23
无形资产	36 000.00			
累计摊销	−600.00			
合计	71 912 285.02		合计	71 912 285.02

2.账户明细资料

表 4-3 账户明细资料

科目	余额	备注
银行存款		
国泰安模拟银行		基本存款户,系统默认为公司各项税收和社会保险费的自动扣缴账户
工行蛇口支行	2 817 274.56	账号:40000202192000007465 公司与工行蛇口支行签订了特种委托收款协议,通过该账号,每月自动扣缴公司应付的电费、水费、职工宿舍房租和工业区的劳动人事管理费
其他货币资金		
建行蛇口支行	1 015 980.00	存入信用证保证金20%,账号004002610014284
交易性金融资产		
国通证券南油营业部		用于委托股票投资
应收票据	6 773 200.00	深圳智通商贸有限公司于10月20日签发的三个月银行承兑汇票
应收账款		
——北京科林	152 10.00	10月25日销售模块
	5 967.00	11月14日销售模块
——长江通信	20 685.20	10月31日销售模块
——长沙现代	35 802.00	11月24日销售模块
——郑州普泰	7 090.20	11月27日销售模块
——潍坊太阳网络	14 771.25	11月25日销售模块
——深圳佳视达	73 710.00	9月26日销售模块
	59 623.20	10月14日销售模块
	60 863.40	11月22日销售模块
——中科健	961 308.68	11月销售各类充电器账款

续表

科目	余额	备注
预付账款		
——中国机械进出口	300 000.00	11月采购材料预付款
生产成本		
KF534T 模块	193 946.71	
——直接材料	180 180.00	6 000件,11月28日投入生产
——直接人工	6 128.34	
——制造费用	7 638.37	
长期股权投资		
深圳科创有限公司	15 000 000.00	从事光纤通信材料研发生产,占40%股权,采用权益法核算
持有至到期投资		
国债面值	6 000 000.00	
应计利息	47 250.00	2012年4月购入当月1日发行三年期国债,年利率3.15%,到期一次还本付息,每半年计提一次利息
无形资产		
用友财务软件	36 000.00	2012年11月购入,当月开始按5年摊销
其他应收款		
——王红发	10 000.00	因私借款,每月从工资中扣回1 000元
长期待摊费用		
——报刊费	450.00	上年支付本年订阅特区报10份,其中制造部1份,尚未摊销部分
应付账款		
——机械进出口	297 180.00	10月28日购料款
	143 911.00	11月14日购料款
——华强三洋电子	115 414.65	11月购料款
——光辉电子	182 988.00	9月20日购料款
	146 718.00	10月16日购料款
	99 953.10	10月29日购料款
	76 986.00	11月18日购料款
应付职工薪酬		
工资	137 659.06	
工会经费	3 256.25	
职工教育经费	12 430.60	

续表

科目	余额	备注
应交税费		
增值税	48 327.62	
营业税	1 000.00	
城建税	493.28	
个人所得税	5 281.46	
教育费附加	1 479.83	
所得税	37 528.50	
其他应付款		
工会会费	2 915.00	
应付票据	3 510 000.00	2012年6月20日签发6个月银行承兑汇票
长期借款		
本金	5 000 000.00	
利息	270 000.00	2012年1月8日由工行蛇口支行借入，3年期，年利率6%，到期一次还本付息
盈余公积		
法定盈余公积	3 446 386.78	
任意盈余公积	5 822 933.00	
利润分配		
未分配利润	1 434 206.93	

3.原材料期初结存表

表4-4　原材料期初结存表

序号	名称规格	单价	数量	金额
1	贴片电阻 0603-10 欧 1/16W±5%	0.00745	54 900	409.00
2	贴片电阻 0603-22 欧 1/16W±5%	0.00824	57 720	475.61
3	贴片电阻 0603-47 欧 1/16W±5%	0.00753	127 600	960.83
4	贴片电阻 0603-240 欧 1/16W±5%	0.00924	78 650	726.73
5	贴片电阻 0603-2K 欧 1/16W±5%	0.00698	54 300	379.01
6	贴片电阻 0603-4.32K 欧 1/16W±5%	0.00889	55 200	490.73
7	贴片电阻 0603-10K 欧 1/16W±5%	0.007	78 500	549.50
8	贴片电阻 0603-10.5K 欧 1/16W±5%	0.00654	49 200	321.77
9	贴片电阻 0603-15K 欧 1/16W±5%	0.00799	52 100	416.28

续表

序号	名称规格	单价	数量	金额
10	贴片电阻 0805-7.5 欧 1/8W±5%	0.008	127 000	1 016.00
11	贴片电阻 0805-220 欧 1/8W±5%	0.0075	238 000	1 785.00
12	贴片电阻 0805-240 欧 1/10W±5%	0.00822	144 000	1 183.68
13	贴片电阻 0805-330 欧 1/8W±5%	0.00835	156 000	1 302.60
14	贴片电阻 0805-470 欧 1/8W±5%	0.00822	220 000	1 808.40
15	贴片电阻 0805-470 欧 1/16W±5%	0.0925	17 800	1646.50
16	贴片电阻 0805-1K 欧 1/8W±5%	0.0084	249 800	2098.32
17	贴片电阻 0805-2.2K 欧 1/8W±1%	0.0159829	89 300	1 427.27
18	贴片电阻 0805-3.3K 欧 1/8W±5%	0.07846	94 600	7 422.32
19	贴片电阻 0805-3.48K 欧 1/8W±1%	0.085	42 300	3 595.50
20	贴片电阻 0805-4.7K 欧 1/8W±5%	0.09	87 600	7 884.00
21	贴片电阻 0805-10K 欧 1/8W±5%	0.0125	137 000	1 712.50
22	贴片电阻 0805-10K 欧 1/8W±1%	0.089	230 000	20 470.00
23	贴片电阻 0805-14.7K 欧 1/8W±1%	0.046	165 000	7 590.00
24	贴片电阻 0805-15K 欧 1/8W±1%	0.0158	2 000	31.60
25	贴片电阻 0805-20.5K 欧 1/8W±1%	0.0189	36 800	695.52
26	贴片电阻 0805-24.3K 欧 1/8W±1%	0.0127	22 100	280.67
27	贴片电阻 0805-27K 欧 1/8W±1%	0.065	224 000	14 560.00
28	贴片电阻 0805-33K 欧 1/8W±1%	0.0186	98 200	1 826.52
29	贴片电阻 0805-34.8K 欧 1/8W±1%	0.01945	180 000	3 501.00
30	贴片电阻 0805-72.3K 欧 1/8W±1%	0.0226	156 000	3 525.60
31	贴片电阻 0805-75K 欧 1/8W±1%	0.022	167 200	3 678.40
32	贴片电阻 0805-100K 欧 1/8W±1%	0.015	16 300	244.50
33	贴片电阻 1206-120 欧 1/8W±5%	0.017		0.00
34	贴片电阻 1206-560 欧 1/4W±5%	0.018	200	3.60
35	贴片电阻 1206-2 欧 1/4W±1%	0.016		0.00
36	贴片电阻 1206-10 欧 1/4W±1%	0.022	400	8.80
37	绕线电阻 10/1W±5%	0.24		0.00
38	碳膜电阻 22K 欧 1/8W±5%	0.38	51 000	19 380.00

续表

序号	名称规格	单价	数量	金额
39	金属膜电阻 27K 欧 1/16W±1%	0.18	62 300	11 214.00
40	金属氧化膜电阻 10K 欧/2W±5%	0.22	12 600	2 772.00
41	贴片电容 0805-104PF50V±20%	0.0336	66 800	2 244.48
42	贴片电容 0603-1PF50V（C 档）	0.0422	54 000	2 278.80
43	贴片电容 0603-2PF50V（C 档）	0.0338	126 000	4 258.80
44	贴片电容 0603-3PF50V（C 档）	0.0465	63 800	2 966.70
45	贴片电容 0603-4PF50V（C 档）	0.0444	54 800	2 433.12
46	贴片电容 0603-12PF50V±5%	0.056	63 900	3 578.40
47	贴片电容 0603-22PF50V±5%	0.0578	46 900	2 710.82
48	贴片电容 0603-10NF50V±10%	0.062	87 000	5 394.00
49	电解电容 47μF16V+80%/−20%	0.34	165 400	56 236.00
50	电解电容 100μF16V+80%/−20%	0.122	228 000	27 816.00
51	电解电容 100μF25V+80%/−20%	0.1428	132 000	18 849.60
52	电解电容 220μF25V+80%/−20%	0.157	48 900	7 677.30
53	电解电容 1μF50V+80%/−20%	0.12	21 000	2 520.00
54	高压电解电容 10μF400V+80%/−20%	0.188	48 000	9 024.00
55	高压电解电容 15μF400V+80%/−20%	0.226	36 000	8 136.00
56	安规电容 102μF250V±20%	0.42	4 450	1 869.00
57	跳线 L=3.5mm	0.0026	200	0.52
58	电感线圈 150UH±10%	0.024	48 000	1 152.00
59	主控 IC-BA2026	6.544	62 000	405 728.00
60	控制 IC MN105	1.6346	25 000	40 865.00
61	稳压二极管 IN5242B	0.57	65 000	37 050.00
62	稳压 IC-TL431A	0.342	153 000	52 326.00
63	IC LM339A DIP14	4.33	48 000	207 840.00
64	光电耦合器 PC817	0.673	16 500	11 104.50
65	开关 IC TOP211p	5.556	22 800	126 676.80
66	二极管（发光双色灯）φ3mm 共阳	0.042	168 000	7 056.00
67	二极管（发光双色灯）φ3mm 共阴	0.038	89 040	3 383.52

续表

序号	名称规格	单价	数量	金额
68	二极管 IN4148	0.0427	44 600	1 904.42
69	二极管 FR107	0.0769	22 100	1 699.49
70	二极管 P6KE200A	0.082	68 100	5 584.20
71	二极管 SR260	0.047	79 300	3 727.10
72	二极管 IN5819	0.25	55 700	13 925.00
73	三极管 2SB772	2.6	46 200	120 120.00
74	三极管 FHT591	10.742	63 400	681 042.80
75	三极管 AT41511	0.9	21 000	18 900.00
76	三极管 2SCS3357	1.2	59 000	70 800.00
77	整流桥堆 DB107	0.667	74 000	49 358.00
78	厚膜线路板(CATV-1 陶瓷线路板)	5.426	21 000	113 946.00
79	线路板(CATV-4)	0.465	58 900	27 388.50
80	线路板 808PCB	5.74	39 000	223 860.00
81	线路板 188NET	6.22	68 000	422 960.00
82	线路板 DC-K100	5.339	50 000	266 950.00
83	散热座(模块底座)	2	54 200	108 400.00
84	调频磁芯($\varphi 3 \times 3\varphi 1.2$)	0.06	48 900	2 934.00
85	高频工字磁芯($2 \times \varphi 1.8$)	0.03	45 200	1 356.00
86	塑料壳(蓝色)	0.24	62 300	14 952.00
87	吸塑盒 1/25	0.086	1 200	103.20
88	半圆头十字自攻螺钉 ST2.5	0.03	286 000	8 580.00
89	包装彩盒 1/20	0.48	800	384.00
90	防震泡沫 1/20	0.61	860	524.60
91	合格证	0.06	124 000	7 440.00
92	4×2.0mm 插座 4PIN	0.023	154 000	3 542.00
93	变压器 12V	1.7949	95 000	170 515.50
94	电感线圈 3.3UH±15％	0.083	150 000	12 450.00
95	外壳(上、下壳)K100 座	1.28	50 000	64 000.00
96	外壳(上、下壳)K100	1.45	39 000	56 550.00
97	外壳(上、下壳)K3900	1.36	68 000	92 480.00

续表

序号	名称规格	单价	数量	金额
98	通电插脚	0.07	123 000	8 610.00
99	通电触簧	0.05	125 000	6 250.00
100	电池卡扣	0.03	62 000	1 860.00
101	卡扣弹簧	0.054	6 4000	3 456.00
102	旅充标贴 K3900	0.08	150 000	12 000.00
103	旅充标贴 K100	0.075	143 000	10 725.00
104	座充标贴 K100	0.078	128 000	9 984.00
105	系统插座	1.2	85 000	102 000.00
106	系统插头(手机连接器)K100	2.8	86 000	240 800.00
107	4PIN 插头 4×2mm	0.8	84 000	67 200.00
108	连接线 UL 线 26AMG 300V 85℃	0.4	88 000	35 200.00
109	塑胶袋 200mm×100mm	0.02	150 000	3 000.00
110	纸箱 1/50	0.07	45 000	3 150.00
111	纸箱 1/25	0.09	65 000	5 850.00
	合计			4 255 030.93

4.库存商品期初结存表

表 4-5　库存商品期初结存表

序号	名称规格	单价	数量	金额
1	KF534T 模块	45.84	62 900.00	2 883 336.00
2	K100 旅充	31.55	30 000.00	946 500.00
3	K100 座充	36.86	48 000.00	1 769 280.00
4	K3900 旅充	32.64	2 000.00	65 280.00
5	三星 A188	1 668.85	3 020.00	5 039 927.00
	合计			10 704 323.00

5. 固定资产期初资料

表4-6 固定资产期初资料

序号	名称	原值	使用年限	启用日期	折旧方法	残值率	已提折旧	使用部门	备注
1	综合楼（工业大厦）	8 280 000	30	2000.8	平均年限	3%	3 279 570.00		投资者投入，商业建筑，共四层框剪式结构，建筑面积约1 600平米，其中一层为临街铺面出租给三勇建材商店，月租12 000元，二楼出租给发发贸易有限公司办公用，月租8 000元，三楼为本公司各行政部门办公用地，四楼为本公司生产车间及仓库
2	传带电子装配线	15 600 000	10	2011.11	平均年限	5%	1 482 000.00	制造部	
3	16门程控用户交换机	11 900	10	2011.8	平均年限	5%	1 413.12	行政管理部	未经税务局审批，税务核定折旧方法为平均年限法
4	机箱冲压模拉手注塑膜机	157 500	5	2011.12	年数总和法	5%	45 718.75	制造部	
5	QXDOP型选频电子表	35 100	5	2012.5	平均年限	5%	3 334.50	制造部	
6	示波器	47 500	10	2012.1	平均年限	5%	3 760.42	制造部	
7	频率器	13 500	10	2012.3	平均年限	5%	855.00	制造部	
8	WS-8测试样机	26 500	5	2011.9	平均年限	5%	5 874.17	制造部	
9	QZ-D10型电频荡振器	25 800	5	2011.11	平均年限	5%	4 902.00	制造部	
10	QP-670杂音测试器	8 400	5	2011.12	平均年限	5%	1 463.00	制造部	
11	捷达粤B-T3739	185 000	10	2011.9	工作量法	5%	31 635.00	行政管理部	预计总工作量为500 000公里，归属行政管理部管理，全公司使用
	合计	24 391 200					4 860 525.95		

(二)11月份税务资料

1.11月增值税纳税申报表(见表4-7)

根据国家税收法律法规及增值税相关规定制定本表。纳税人不论有无销售额,均应按税务机关核定的纳税期限填写本表,并向当地税务机关申报。

税款所属时间:自2012年11月01日至2012年11月30日 填表日期:2012年11月30日

金额单位:元至角分

表4-7 11月增值税纳税申报表
(一般纳税人适用)

纳税人识别号	4 4 0 3 1 9 2 2 4 4 6 5 1 8 3		所属行业:制造业		
纳税人名称	(公章)	法定代表人姓名	林清		股份有限公司
开户银行及账号		登记注册类型		注册地址	深圳蛇口工业六路职业大厦	生产经营地址	深圳蛇口工业六路职业大厦	电话号码	0755-26679854

项 目	栏次	一般货物、劳务和应税服务		即征即退货物、劳务和应税服务	
		本月数	本年累计	本月数	本年累计
销售额	(一)按适用税率计税销售额	1	12 862 576.25	141 462 540.4		
	其中:应税货物销售额	2	12 862 576.25	141 462 540.4		
	应税劳务销售额	3				
	纳税检查调整的销售额	4				
	(二)按简易办法计税销售额	5				
	其中:纳税检查调整的销售额	6				
	(三)免、抵、退办法出口销售额	7			—	—
	(四)免税销售额	8			—	—
	其中:免税货物销售额	9			—	—
	免税劳务销售额	10			—	—

续表

项目	栏次	一般货物、劳务和应税服务		即征即退货物、劳务和应税服务	
		本月数	本年累计	本月数	本年累计
销项税额	11	2 186 637.96	24 048 631.87		
进项税额	12	2 138 310.34	22 018 523.63		
上期留抵税额	13			—	—
进项税额转出	14				
免、抵、退应退税额	15			—	—
按适用税率计算的纳税检查应补缴税额	16				
应抵扣税额合计	17＝12＋13－14－15＋16				
实际抵扣税额	18（如17＜11，则为17，否则为11）	2 138 310.34	22 012 698.38		
应纳税额	19＝11－18	48 327.62	2 035 933.49		
期末留抵税额	20＝17－18			—	—
简易计税办法计算的应纳税额	21				
按简易计税办法计算的纳税检查应补缴税额	22				
应纳税额减征额	23				
应纳税额合计	24＝19＋21－23	48 327.62	2 035 933.49		

续表

项 目		栏次	一般货物、劳务和应税服务		即征即退货物、劳务和应税服务	
			本月数	本年累计	本月数	本年累计
税款缴纳	期初未缴税额（多缴为负数）	25				
	实收出口开具专用缴款书退税额	26	—	—		
	本期已缴税额	27＝28＋29＋30＋31		—		—
	①分次预缴税额	28	—	—		
	②出口开具专用缴款书预缴税额	29	—	—		
	③本期缴纳上期应纳税额	30	1 987 605.87			
	④本期缴纳欠缴税额	31				
	期末未缴税额（多缴为负数）	32＝24＋25＋26－27	48 327.62	48 327.62		—
	其中：欠缴税额（≥0）	33＝25＋26－27		—		—
	本期应补（退）税额	34＝24－28－29		—		—
	即征即退实际退税额	35		—		—
	期初未缴查补税额	36		—		
	本期入库查补税额	37		—		
	期末未缴查补税额	38＝16＋22＋36－37		—		—

授权声明	如果你已委托代理人申报，请填写下列资料： 为代理一切税务事宜，现授权_____（地址）为本纳税人的代理申报人，任何与本申报表有关的往来文件，都可寄予此人。 授权人签字：	申报人声明	本纳税申报表是根据国家税收法律法规及相关规定填报的，我确定它是真实的、可靠的、完整的。 声明人签字：

主管税务机关： 　　　　　　接收人： 　　　　　　接收日期：

2. 11月营业税纳税申报表（见表4-8）

表4-8　11月营业税纳税申报表

（适用于查账征收的营业税纳税人）

纳税人识别号：440319224465183

纳税人名称：（公章）深圳市泰安科技有限公司

税款所属时间：自2012年11月01日至2012年11月30日　　填表日期：2012年11月30日

金额单位：元（列至角分）

营业税税目	经营项目	营业额					本期税款计算			期初欠缴税额	前期多缴税额	税款缴纳				本期应缴税额计算		
		应税收入	应税减除项目金额	应税营业额	免税收入	税率（%）	小计	本期应纳税额	免（减）税额	期初欠缴税额	前期多缴税额	本期已缴本期应纳税额				小计	本期期末应缴税额	本期期末欠缴税额
												小计	已缴本期应纳税额	本期已被扣缴税额	本期已缴欠缴税额			
1	—	2	3	4=2-3	5	6	7=8+9	8=(4-5)×6	9=5×6	10	11	12=13+14+15	13	14	15	16=17+18	17=8-13-14	18=10-11-15
交通运输业	—																	
建筑业	—																	
邮电通信业	—																	
服务业		20 000.00		20 000.00		5%	1 000.00	1 000.00								1 000.00	1 000.00	
娱乐业																		
金融保险业	—																	
文化体育业																		
销售不动产																		

续表

营业税税目	经营项目	营业额				本期税款计算					税款缴纳				本期应缴税额计算		
		应税收入	应税减除项目金额	应税营业额	免税收入	税率(%)	小计	本期应纳税额	免(减)税额	期初欠缴税额	前期多缴税额	小计	本期已缴纳税额	本期已被扣缴税额	本期已缴欠缴税额	小计	本期期末应缴税额	本期期末应缴欠缴税额
转让无形资产																		
营业税合计																		
代扣代缴项目																		
附征税费	城市维护建设税	—	—	—	—	7%												
	教育费附加	—	—	—	—	3%												
	地方教育附加	—	—	—	—	2%												
	文化事业建设费	—	—	—	—	3%												
总计		20 000.00		20 000.00			1 000.00	1 000.00								1 000.00	1 000.00	

纳税人或代理人声明：
此纳税申报表是根据国家税收法律的规定填报的，我确定它是真实的、可靠的、完整的。

以下由税务机关填写：

如纳税人填报，由纳税人填写以下各栏：

纳税负责人(签章)	财务负责人(签章)	法定代表人(签章)	林清
办税人员(签章)	王伟	联系电话	0755-26679854

如委托代理人填报，由代理人填写以下各栏：

代理人名称		经办人(签章)		代理人(公章)	
				联系电话	

受理日期： 年 月 日　　　受理税务机关(签章)：

受理人：

深圳市地方税务局印制(版本号:201110)

"营业税纳税申报表"填表说明

1. 根据《中华人民共和国税收征收管理法》及其实施细则、《中华人民共和国营业税暂行条例》的有关规定,制定本表。

2. 本表适用于除经主管税务机关核准实行简易申报方式以外的所有营业税纳税人以及随营业税一并缴纳城市维护建设税、教育费附加、地方教育附加、文化事业建设费的纳税人(以下简称纳税人)。

3. "纳税人识别号"栏,填写税务机关为纳税人确定的识别号,即:税务登记证号码。

4. "纳税人名称"栏,填写纳税人单位名称全称,并加盖公章,不得填写简称。

5. "税款所属时间"填写纳税人申报的营业税应纳税额的所属时间,应填写具体的起止年、月、日。

6. "填表日期"填写纳税人填写本表的具体日期。

7. "娱乐业"行应区分不同的娱乐业税目填写本表,分不同税率填报。

8. "代扣代缴项目"行应填报纳税人本期因规定发生扣代缴行为所应申报的事项,分不同税率填报。

9. 本表所有栏次数据均不包括本期纳税人经税务机关、财政、审计部门检查以及纳税人自查发生的相关数据。

10. 本表第2栏"应税收入"填写纳税人本期提供营业税应税劳务、转让无形资产或者销售不动产所取得的全部价款和价外费用(包括免税收入),分营业税目填报,该栏数据为相应税目营业税应税收入中按规定可扣除的项目金额,分营业税目填报。纳税人提供营业税应税劳务、转让无形资产或者销售不动产所取得的应税收入按"合计"栏次内直接调减税额,不在本栏次调减。

11. 本表第3栏"应税减除项目金额"应填写纳税人本期提供营业税应税劳务、转让无形资产或者销售不动产所取得的应税收入中不需税务机关审批可直接免税的应税收入或者销售不动产所取得的应税收入,分营业税目填报,该栏数据为相应税目免税收入"栏的"合计"数。

12. 本表第5栏"免税收入"应填写纳税人本期提供营业税应税劳务、转让无形资产或者销售不动产所取得的应税收入中不需税务机关审批可直接免税的应税收入或者销售不动产所取得的应税收入,分营业税目填报,该栏数据为相应税目"免税收入"栏的"合计"数。

13. 本表第10栏"期初欠缴税额"填写截至本期(不含本期),纳税人经过纳税申报,税务机关核定等应确定纳税额、批准延期未缴纳的税款,分营业税目填报,该栏数据为相应税目营业税纳税申报表中"期初欠缴税额"栏的"合计"数。

14. 本表第11栏"前期多缴税额"填写纳税人截至本期(不含本期)多缴纳的营业税额分营业税目填报,该栏数据为相应税目营业税纳税申报表中"前期多缴税额"栏的"合计"数。

15. 本表第13栏"已缴本期应纳税额"填写纳税人已缴的本期应纳营业税税额。该栏数据为相应税目营业税纳税申报表中"已缴本期应纳税额"栏的"合计"数。

16. 本表第14栏"本期已被扣缴税额"填写纳税人本期发生纳税义务,按现行税法规定被扣缴义务人扣缴的营业税税额。该栏数据为相应税目营业税纳税申报表中"本期已被扣缴税额"栏的"合计"数。

17. 本表第15栏"本期已缴欠缴税额"填写纳税人本期缴纳的前期欠税,包括本期缴纳的前期经过纳税申报或税务机关核定等确定应纳税额后,超过法律、行政法规规定或者税务机关依照法律、行政法规规定确定的税款缴纳期限未缴纳的税款。该栏数据为相应税目营业税纳税申报表中"本期已缴欠缴税额"栏的"合计"数。

18. 本表第1栏的"经营项目"是指营业税税目对应的征收范围,申报邮电通信业、文化体育业、销售不动产、转让无形资产等4个税目的纳税人必须填写该栏内容。"经营项目"包括:(1)文化体育业税目:文化业、体育业;(2)邮电通信业税目:邮政、电信;(3)转让无形资产税目:转让土地使用权、转让商标权、转让专利权、转让非专利技术、转让著作权、转让商誉;(4)销售不动产税目:销售建筑物或构筑物、销售其他土地附着物。

19. 随营业税附征的城市维护建设税、教育费附加、地方教育费附加、文化事业建设费一并在本表的"附征税费"栏内填报;依据、填报时将计税(费)依据填写在本表的"附征税费"第4栏内。地方教育附加以实际缴纳的营业税税额为计税(费)依据。

深圳市地方税务局印制

3. 11月深圳市地方纳税综合申报表（见表4-9）

填报日期：2012年11月30日

表4-9　11月深圳市地方税收纳税综合申报表

纳税人全称（盖章）		深圳市泰安科技有限公司		联系人		纳税人识别号/证照号码			计算单位：元（列至角分）·本·份	
所属时期		2012.11.01至2012.11.30				440319224465183			联系人电话号码	
征收项目	征收品目	经营项目	计税金额（数量）	核定比例	税率（单位税额）	应纳税额	减免税额	已缴税额	实际应补退税额	
1	2	3	4	5	6	7	8	9	10＝7－8－9	
城市维护建设税			49 327.62		1%	493.28		493.28		
教育费附加			49 327.62		3%	1 479.83		1 479.83		
合　计								1 973.11		
纳税人声明	本单位（公司、个人）所申报的各种税款真实、准确，如有虚假内容，愿承担法律责任。 签名：法人代表 （业主）　　　　　　　年　月　日					代理人声明	本纳税申报表是按照国家税法和税务机关有关规定填报，我确信是真实、合法。如有不实，我愿承担法律责任。 代理人（法人代表）签名： 　　　　　经办人签名： 　　　　　　（代理人盖章）　年　月　日			
税务机关填写	受理申报期：　年　月　日		受理人签名：			录入日期：　年　月　日		录入人签名：		
	企业（业主）财务负责人或税务代理负责人		企业（业主）会计主管或税务代理主管			签名：		填表人签名：		

深圳市地方税务局印制（版本号：201110）

4. 11月扣缴个人所得税报告表（见表4-10）

税款所属期：2012年11月01日至2012年11月30日

扣缴义务人名称：深圳市泰安科技有限公司

扣缴义务人编码：44031922465183

表4-10　11月扣缴个人所得税报告表

扣缴义务人所属行业：□一般行业　□特定行业　月份申报

扣缴义务人所属行业：人民币元（列至角分）

金额单位：人民币元（列至角分）

序号	姓名	国籍（地区）	身份证件类型	身份证件号码	所得项目	所得期间	收入额	免税所得	税前扣除项目							减除费用	准予扣除的捐赠额	应纳税所得额	税率%	速算扣除数	应纳税额	减免税额	应扣缴税额	已扣缴税额	应补（退）税额	备注
									基本养老保险费	基本医疗保险费	失业保险费	住房公积金	财产原值	允许扣除的税费	其他	合计										
1	2	3	4	5	6	7	8	9	10	11	12	13	14	15	16	17	18	19	20	21	22	23	24	25	26	27	28
详细数据略……																										
合计							116 501.48															5 281.46				

谨声明：此扣缴报告表是根据《中华人民共和国个人所得税法》及其实施条例和国家有关税收法律法规规定填写的，是真实的、完整的、可靠的。

扣缴义务人（负责人）签字：林清　　　　　2012年11月30日

法定代表人（负责人）签字：

扣缴义务人公章：　　　　　代理机构（人）签章：　　　　　主管税务机关受理专用章：

经办人：　　　　　经办人：　　　　　受理人：

填表日期：　年　月　日　　代办人执业证件号码：　　　　　受理日期：　年　月　日

代办申报日期：　年　月　日

国家税务总局监制（201308版）

(三) 11月工资薪酬资料

1. 工资发放表(公司用)

工资发放表
2002年11月

部门	基本	岗位	加班	绩效工资	住房补贴	独补	交通补	凉补	事假病假	应发工资	房租	水电	借款	工会	所得税	养老	医疗	失业	公积金	实发工资
总经办	15554	6000	0	25499	5000	30	3500	876	210	56248.5	1800	630.7	0	225	4082.23	3256	814	90	3256	45422.67
销售部	8030	2283	0	7927	2500	15	1800	378	0	22848.00	300	105.3	1000	91	625.63	1640	410	54	1640	18675.67
财务部	14200	3600	0	2500	2500	0	1100	494	0	24394.00	0	0	0	98	73.44	1936	484	90	1936	21802.98
行政管理	5540	1400	0	2437	1500	15	500	210	0	11602.00	600	128.6	0	46	116.36	920	230	36	920	9560.66
制造部	10984	2000	314	2556	1900	0	900	460	0	19114.00	150	78.25	0	76	150.67	1520	380	72	1520	16758.62
物资部	7836	2000	0	3864	2000	30	1300	373	142	17261.00	0	0	0	69	137.40	1352	338	54	1352	15364.57
计划部	5623	1500	0	2013	1500	15	500	194	0	11345.00	0	0	0	45	95.73	904	226	36	904	10073.89
合计	67767	18783	314	46796	16900	105	9600	2985	210	162812.50	2850	942.85	1000	650	5281.46	11528	2882	432	11528	137659.06

行政管理部:朴相良 财务部: 财务总监: 总经理: 行政管理部:

图 4-11 工资发放表(公司用)

2. 工资发放表(银行用)

表 4-11 工资发放表
(模拟银行)
2012 年 11 月 30 日

姓名	部门	金额	银行账号
王伟	总经办	18 147.60	9555808620120085
安博勇	总经办	8 347.67	9555808620120088
袁莉	总经办	4 250.87	9555808620120308
易明	研发部	7 036.52	9555808620120755
陈冬	研发部	7 640.02	9555808620120525
王红发	销售部	7 887.29	9555808620120512
李佳侬	销售部	5 411.47	9555808620120345
秦向荣	销售部	5 376.89	9555808620120214
A	财务部	4 882.58	9555808620120258
B	财务部	4 230.10	9555808620120841
C	财务部	4 230.10	9555808620120251
D	财务部	4 230.10	9555808620120325
E	财务部	4 230.10	9555808620120362
朴相良	行政管理	5 315.11	9555808620120208
彦涛	行政管理	4 245.56	9555808620120259
盛成治	制造部	6 301.61	9555808620120253

续表

姓名	部门	金额	银行账号
汪静	制造部	2 811.18	9555808620120586
陈红	制造部	3 166.88	9555808620120253
周志军	制造部	4 478.96	9555808620122545
郑向阳	物资部	5 744.35	9555808620120526
方 华	物资部	5 522.40	9555808620120852
于波	物资部	4 097.81	9555808620120364
朱利	计划部	5 848.62	9555808620120020
江民民	计划部	4 225.27	9555808620120512
合计		137 659.06	

3.社会保险缴交明细表

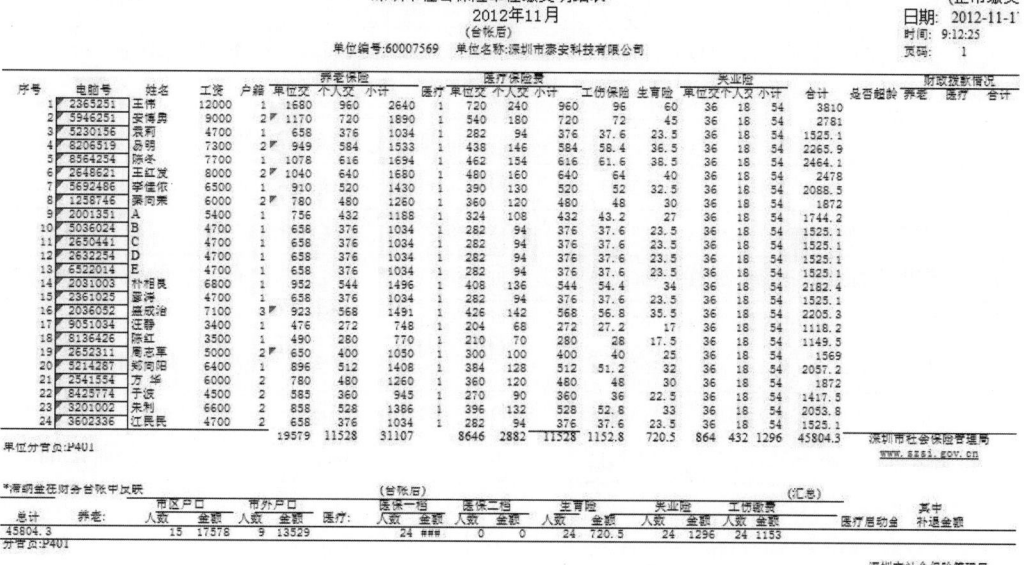

图4-12 社会保险缴交明细表

4.住房公积金计算表

表 4-12　住房公积金计算表

单位公积金号					1022909030				
单位名称					深圳市泰安科技有限公司				

序号	姓名	证件号码	社保电脑号	缴存基数	缴交金额				
					单位交		个人交		
					比例	金额	比例	金额	小计
1	王伟	4403041968009157731	2365251	12 000	8.00%	960.00	8.00%	960.00	1 920.00
2	安博勇	2305011967022268521	5946251	9000	8.00%	720.00	8.00%	720.00	1 440.00
3	袁莉	4201021975060502284	5230156	4700	8.00%	376.00	8.00%	376.00	752.00
4	易明	3201051978021844611	8206519	7300	8.00%	584.00	8.00%	584.00	1 168.00
5	陈冬	2301051980051423011	8564254	7700	8.00%	616.00	8.00%	616.00	1 232.00
6	王红发	1050021979081584511	2648621	8000	8.00%	640.00	8.00%	640.00	1 280.00
7	李佳侬	3402011982091265221	5692486	6500	8.00%	520.00	8.00%	520.00	1 040.00
8	秦向荣	3304020982091254411	1258746	6000	8.00%	480.00	8.00%	480.00	960.00
9	A	4403011992120355211	2001351	5400	8.00%	432.00	8.00%	432.00	864.00
10	B	4403021992112956422	5036024	4700	8.00%	376.00	8.00%	376.00	752.00
11	C	4403011992052956411	2650441	4700	8.00%	376.00	8.00%	376.00	752.00
12	D	4403011992072452111	2632254	4700	8.00%	376.00	8.00%	376.00	752.00
13	E	4403011992021106311	6522014	4700	8.00%	376.00	8.00%	376.00	752.00
14	朴相良	2301061988030282411	2031003	6800	8.00%	544.00	8.00%	544.00	1 088.00
15	彦涛	3504061989062394211	2361025	4700	8.00%	376.00	8.00%	376.00	752.00
16	盛成治	4403051970021245433	2036052	7100	8.00%	568.00	8.00%	568.00	1 136.00
17	汪静	4401031989010123222	9051034	3400	8.00%	272.00	8.00%	272.00	544.00
18	陈红	5010021990052844300	8136426	3500	8.00%	280.00	8.00%	280.00	560.00
19	周志军	3402011982042177355	2652311	5000	8.00%	400.00	8.00%	400.00	800.00
20	郑向阳	2050011982061538911	5214287	6400	8.00%	512.00	8.00%	512.00	1 024.00
21	方　华	2301021979030126533	2541554	6000	8.00%	480.00	8.00%	480.00	960.00
22	于　波	4405031992020652311	8425774	4500	8.00%	360.00	8.00%	360.00	720.00
23	朱利	4403041982100256411	3201002	6600	8.00%	528.00	8.00%	528.00	1 056.00
24	江民民	5010021983090865311	3602336	4700	8.00%	376.00	8.00%	376.00	752.00
	合计					11 528.00		11 528.00	23 056.00

（四）期初票据

1.应收票据

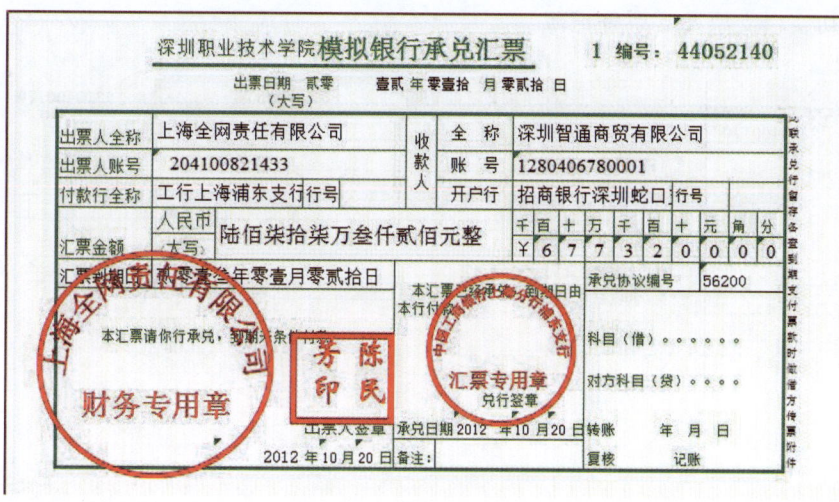

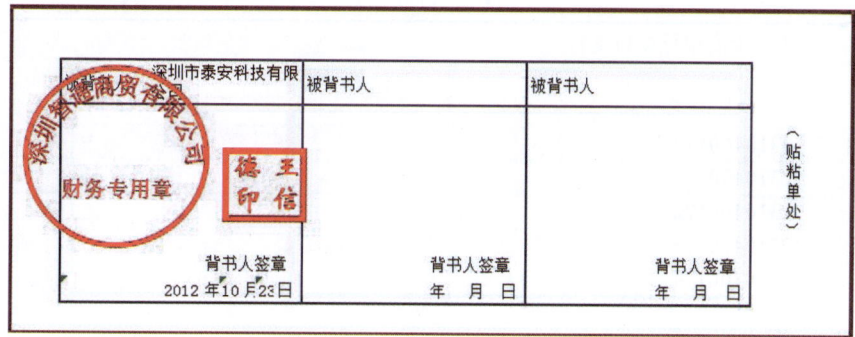

图 4-13 应收票据

2.应付票据

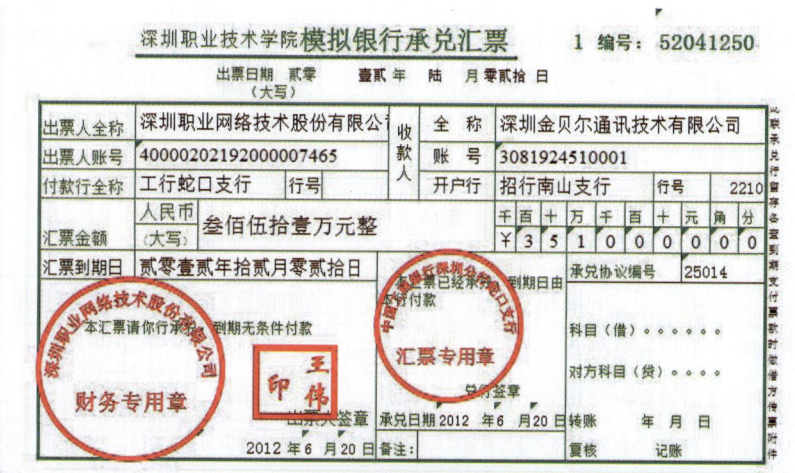

图 4-14 应付票据

3.期初空白支票及支票登记簿

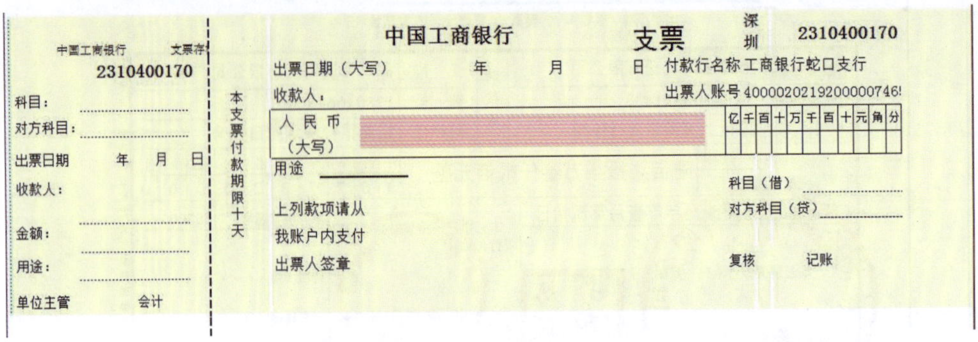

中国工商银行 支票存根
2310400170
科目：
对方科目：
出票日期 年 月 日
收款人：
金额：
用途：
单位主管 会计

本支票付款期限十天

中国工商银行 支票 深圳 2310400170
出票日期（大写） 年 月 日 付款行名称 工商银行蛇口支行
收款人： 出票人账号 4000020219200000746
人民币（大写） 亿 千 百 十 万 千 百 十 元 角 分
用途
上列款项请从
我账户内支付
出票人签章
科目（借）
对方科目（贷）
复核 记账

图 4-15 期初空白支票

支票登记簿

开户银行 中国工商银行蛇口支行

时间	支票号码	签发日期	收款单位	用途	金额	领用人签收	备注
2012.11.25	2310400170						
	2310400171						
	2310400172						
	2310400173						
	2310400174						

图 4-16 支票登记簿

(五)备查文件

1.

表 4-13 客户信用额度审批表

2012 年 12 月

序号	客户名称	信用额度(万元)	最长信用期限(月)
1	中国科健股份有限公司	500	6
2	深圳智通商贸有限公司	100	1
3	深圳市佳视达实业有限公司	20	3
4	郑州普泰移动通讯设备股份有限公司	10	3
5	成都永好电子科技有限公司	10	3

续表

序号	客户名称	信用额度(万元)	最长信用期限(月)
6	北京科林电视设备公司	10	3
7	中国航空工业总公司第六〇七所	10	3
8	长沙现代广播电视设备厂	5	3
9	武汉市长江电讯器材厂	5	3
10	潍坊太阳网络技术有限公司	5	3
11	杭州广播电视新技术有限公司	5	3

总经理:王伟　　市场总监:陈冬　　财务总监:易明　　市场经理:王红发　　财务经理:王德祥

2.

12月产品销售价格

产品名称	出厂价(不含税)	零售价(含税)
KF534T 模块	50.50	58.50
K3900 旅行充电器	36.80	46.80
K100 旅行充电器	34.70	44.50
K100 座式充电器	40.50	52.50
三星 A188	1 860.00	2 250.00

销售部

2012.11.29

3.

表 4-14　通信费用报销标准审核备案表

2012 年 10 月 30 日

序号	姓名	部门	职务	报销标准
1	王 伟	总经办	总经理	实报实销
2	安博勇	总经办	副总经理	实报实销
3	陈 冬	总经办	副总经理	实报实销

续表

序号	姓名	部门	职务	报销标准
4	易 明	总经办	财务总监	实报实销
5	袁 莉	总经办	秘书	300
6	陈可铭	研发部	经理	600
7	王红发	销售部	经理	实报实销
8	李佳依	销售部	职员	600
9	秦向荣	销售部	职员	300
10	A	财务部	经理	600
11	B	财务部	职员	100
12	C	财务部	职员	100
13	D	财务部	职员	100
14	E	财务部	职员	100
15	朴相良	行政管理	经理	600
16	彦 涛	行政管理	职员	300
17	盛成治	制造部	主任	600
18	周志军	制造部	工程师	200
19	郑向阳	物资部	经理	600
20	于 波	物资部	职员	100
21	方 华	物资部	职员	100
22	朱 利	计划部	经理	600

计划部:朱利　　　　　总经办:朴相良　　　　　财务部:王德祥

4.国泰安模拟银行商业汇票承兑授信合同

国泰安模拟银行商业汇票承兑授信合同

合同编号:银授字第 <u>12130521</u> 号

授信人:<u>模拟　　　　　　　　　　</u>银行(以下简称"甲方")

住所:<u>深圳蛇口工业大道 28 号</u>

邮编:<u>518048</u>

电话:<u>0755-26673428</u>

传真:<u>0755-26673800</u>

法定代表人:<u>李立</u>

开户银行:<u>中国银行总行营业部</u>

受信人：深圳市泰安科技有限公司（以下简称"乙方"）
住所：深圳蛇口工业六路职业大厦
邮编：518048
电话：0755-26673482
传真：0755-26696523
法定代表人：王伟
开户银行及账号：国泰安模拟银行

依据我国《商业银行法》、《商业银行授权、授信管理暂行办法》等有关法律、法规之规定，甲、乙双方本着平等诚信的原则，经协商一致，于 2012 年 11 月 25 日订立本合同，以兹共同遵照执行：

第 1 条　在本合同规定的条件下，甲方同意在授信额度有效期间内向乙方提供人民币 伍佰万 元整的 银行承兑汇票 授信额度。在授信额度的有效期限及额度范围内，乙方使用上述授信额度时，不限次数，并可循环使用。

第 2 条　本合同项下授信额度的有效使用期间为 1 年，自 2012 年 12 月 01 日至 2013 年 11 月 30 日。

第 3 条　在本合同约定的授信期间和授信额度内，乙方可一次或分次向甲方书面申请使用该授信额度。

a.乙方申请开立的银行承兑汇票必须以真实的商品交易为基础，并提供每笔交易的商品购销合同正本复印件。

b.乙方在申请开立每笔银行承兑汇票前须向甲方提交承兑申请书。

c.每笔汇票开出之前，乙方须向甲方支付承兑手续费，手续费按票面金额的万分之五计算。

d.汇票到期日前 2 个工作日内，乙方必须将应付票款足额交付甲方。

e.甲方对乙方的每笔承兑申请进行审查，如乙方发生重大不利变化或购销合同中存在不利条款或者购销合同没有真实的交易基础，甲方有权拒绝为乙方开出承兑汇票，并终止剩余额度的使用。

f.承兑汇票到期日，甲方凭票无条件支付票款，如到期日之前乙方不能足额交付票款时，甲方对不足部分自票据到期日起转作逾期贷款。乙方除应支付逾期贷款利息外，还应支付违约金，违约金每日按逾期贷款万分之四计。同时甲方有权要求乙方提前偿还本合同项下的所有债务，并终止本合同项下所有剩余额度的使用。

g.承兑汇票如发生任何交易纠纷，均由出票人和持票人双方自行处理，甲方不承担任何责任。

第 4 条　乙方申请使用的授信额度余额（即使用中尚未归还的累计本金数额）在任何时候都不得超过本合同第 1 条约定的授信额度。在授信期间内，乙方对已归还的授信额度可循环使用，授信期间内未使用的授信额度在授信期间届满后自动取消。

第 5 条　如果乙方申请使用授信额度符合本合同的约定，甲方应批准申请并按所签的合同或协议及时履行。

第 6 条　对乙方在本协议及具体协议项下的到期未付应付款项，甲方有权从乙方在甲方处及甲方其他机构开立的任何账户中扣款而无须事先征得乙方或其下属公司的同意，并且甲方有权对资金使用情况随时进行检查。

第 7 条　如甲方依照本协议及具体协议之约定扣款时，无须事先征得乙方的同意，乙方对此放弃一切抗辩权。

第 8 条　为保证本合同项下形成的债权能得到清偿，深圳职业网络技术股份有限公司将与甲方签订编号为 CD1211230 的《最高额保证合同》(以下简称"保证合同")，为乙方履行本合同及与本合同相关的每笔具体业务合同或协议项下债务提供担保。

第 9 条　本合同自双方法定代表人或委托代理人签字和加盖公章后成立，与担保合同同时生效。本合同生效后，甲、乙双方任何一方不得擅自变更或提前解除本合同。需要变更或解除时，应经双方协商一致，并达成书面协议。

第 10 条　甲、乙双方在履行本合同中如发生争议，首先由双方协商或者通过调解解决。如双方协商或调解不成，则应提交中国国际经济贸易仲裁委员会按照该会届时有效的仲裁规则在北京仲裁。仲裁裁决是终局的，对双方具有约束力。

第 11 条　本合同一式二份，甲方与乙方各执一份，每份法律效力同等。

第 12 条　甲方与乙方依据本合同就每一项具体授信所签订的合同或协议均为本合同的组成部分，并构成一个合同整体。

国泰安模拟银行

甲方：模拟银行(公章)　　　　　乙方：深圳市泰安科技有限公司(公章)

法定代表人(或授权代表)：李立　　　法定代表人(或授权代表)：王伟

深圳市泰安科技有限公司

图 4-17　国泰安模拟银行商业汇票承兑授信合同

5.原材料请购计划表　(内容详见表 5-5)

(六)财务制度

第5部分 实训公司制度汇编

一、财务部组织结构及职责说明书

(一)目的

规范财务部各工作岗位职责。

(二)范围

财务部。

(三)组织结构

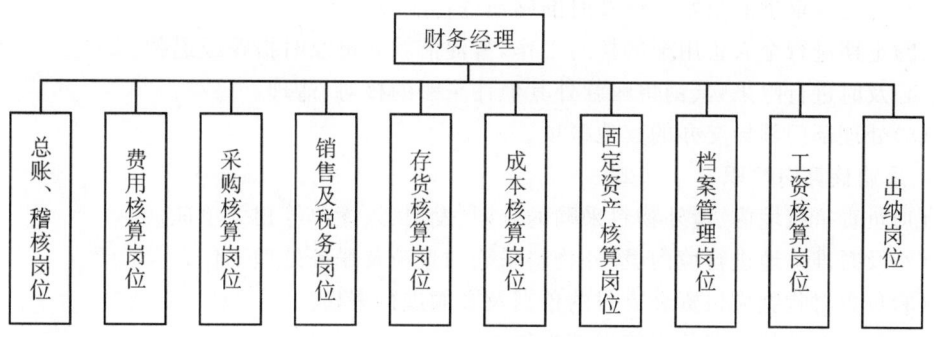

图 5-1　财务部组织结构

(四)岗位职责

1.财务部经理职责

(1)协助主管领导对公司各种日常财务活动进行计划、组织、指挥、控制。

(2)负责财务部的日常管理、考核,具体领导公司的会计核算。

(3)负责财务部与公司其他部门的协调工作。

(4)负责公司财务部与下属公司财务部的协调及业务指导工作。

(5)负责公司财务报告编报及审计工作。

(6)协助主管领导组织实施公司的资金调配。
(7)负责组织、制定公司的各项会计规章制度。

2.总账、稽核岗位职责

总账主管：
(1)协助经理做好公司日常财务管理和会计核算工作。
(2)协助经理做好与下属公司财务部的沟通、协调及业务指导工作。
(3)负责合同的初审,市场、小额零星管理费用额度审核。
(4)负责公司会计科目的设置、清理工作。
(5)及时调账、过账、记账,保证日常账务处理的正常进行。
(6)负责协调期末各项账务处理,保证期末账项结转正常及时进行。
(7)负责编制、管理财务报表,协助经理做好公司财务报告的编制及审计工作。
(8)负责定期进行账务分析,提交财务分析报告。
(9)处理部门领导交办的其他事项。

稽核：
(1)负责对各岗位初审过的原始凭证的准确性、合法性进行复核,保证送交审批的会计凭证符合公司财务制度规定,数据准确。
(2)负责会计凭证账务处理的复核工作。
(3)处理部门领导交办的其他事项。

3.费用(含往来)核算岗位职责
(1)认真审核费用报销单据,做到单据合法、数据准确。做好凭证、单据的整理工作。
(2)对完成审批的原始凭证及时准确地进行账务处理工作。
(3)定期进行个人备用金的核对工作,督促借款人员及时报账或退款。
(4)及时进行除采购、销售账款外其他往来账的核对、清理。
(5)处理部门领导交办的其他事项。

4.采购核算岗位职责
(1)负责审核境内、境外物料采购的合同、发票、入库单等相关单证。
(2)及时准确地进行境内、境外物料采购的报销及账务处理工作。
(3)负责对货款应付资金支付的单据及金额进行审核。
(4)负责对外加工费的审核报销工作。
(5)负责核对代征代缴进口物料的关税、增值税及核算工作。
(6)负责应付账款的管理工作。
(7)及时查出未办理入库登记的物料,定期编报在途材料分析表。

5.销售及税务岗位职责
(1)及时准确地进行销售收入、成本、税务的账务处理工作。
(2)及时准确地做好纳税申报,做好对税务机关的协调联络工作。
(3)做好专用发票及其他发票的领用、开具、保管工作。
(4)做好有关税务检查的接待、解释等工作。
(5)做好应收账款的管理工作。

(6)处理部门领导交办的其他事项。

6.存货核算岗位职责

(1)负责做好存货的分类和规划工作,包括核对、核销及科目归类工作。

(2)认真审核存货出入库手续是否完备。

(3)负责公司存货收、发、存的录入及其账务处理工作,及时准确地做好存货采购、收、发、存的明细及总分类核算,做到账账相符。

(4)负责定期与库房存货账进行核对,做到账账相符,参与定期及不定期实物盘点,核对账实是否相符。

(5)负责编制存货报表。

(6)处理部门领导交办的其他事项。

7.成本核算岗位职责

(1)负责及时收集各型号产品的成本资料。

(2)及时准确地整理各产品成本资料,编制产品计划成本。

(3)负责对各产品进行跟踪,及时调整产品成本,使成本核算有序进行。

(4)及时进行产品成本分析,编写成本分析报告。

(5)处理部门领导交办的其他事项。

8.固定资产核算岗位职责

(1)及时准确地做好固定资产的日常采购、领用、转移、停用、维修等账务处理。

(2)及时准确地做好固定资产折旧的计提及账务处理。

(3)做好固定资产卡片的管理工作。

(4)参与固定资产的定期盘点及其相关工作。

(5)处理部门领导交办的其他事项。

9.工资核算岗位职责

(1)认真准确地做好公司工资报表的编制及发放工作。

(2)负责工资的账务处理及个人所得税纳税申报工作。

(3)严守公司秘密,做好工资保密工作。

(4)处理部门领导交办的其他事项。

10.出纳岗位职责

(1)协助部门经理做好资金的调配管理。

(2)按照国家有关现金管理和银行结算制度的规定,及时准确地办理现金收付和银行结算业务。

(3)及时做好现金日记账并对现金账实进行核对,做到日清月结。

(4)负责银行账的核对,做好银行余额调节表并做好未达账项的后续工作。

(5)掌握银行存款余额,严禁签发空头支票,严禁出租出借银行账户。

(6)及时取回各行回单交会计记账。

(7)负责保管各种有价证券,保管与其工作相关的印章和空白支票。

(8)处理部门经理交办的其他事项。

11.档案管理岗位职责

(1) 负责会计凭证的归档工作,以及已归档会计凭证、账册、报表等会计档案的整理、保管、查阅工作。

(2) 负责会计档案的清理,对已超过保管期限的档案提出销毁申请并参与销毁工作。

(3) 处理部门领导交办的其他事项。

二、深圳市泰安科技有限公司资金管理制度

为了加强对各项资金的管理,保障资金安全,提高使用效率,特制订本规定。本规定中所指资金包括现金、银行存款、其他货币资金以及商业汇票。

(一) 现金管理制度

1. 严格按国家现金管理规定的现金开支范围使用现金。如有特殊情况,必须超范围使用现金,应由本部门提出申请,经有关领导审查批准后方可支付。

2. 公司库存现金限额为1万元,超出限额部分应及时送存银行。

3. 不得坐支现金,当日现钞收入应于当日送存银行。

4. 不得在单位之间、单位与个人之间互相借用现金。

5. 不得利用公司银行账户为其他单位或个人支付或存入现金。

6. 不得将公款现金以私人名义存入银行,不得私设小金库。

7. 不得用"白条"或不符合财务制度的凭证代替库存现金。

8. 出纳员进行现金的收付,必须依据手续完备的有效凭证,其中现金支付必须由会计人员对相关原始凭证进行审核并据以编制记账凭证后,出纳员方可据以付款,并在相关凭证上加盖"现金付讫"章。

9. 出纳员在现金实际收付后,及时逐笔登记现金日记账。

10. 每日终了,出纳员应对库存现金进行盘点并与现金日记账核对,做到日清月结。财务经理对库存现金要定期及不定期进行清查,做到账实相符。

(二) 银行存款管理规定

1. 按《银行结算办法》规定,各项经济往来除了按照国家现金管理规定可以使用现金以外,必须办理转账结算。

2. 公司开立账户应以便于货款结算和融资为前提,尽量减少开户数量,所有账户的开设均需通过主管财务的副总经理批准。

3. 不得出租、出借公司账户。未经董事会授权批准,一律不得对本公司以外的任何单位或个人投资、借款,不得向银行及其他单位融资、贷款,不得以公司资产对外抵押、担保。

4. 预留银行印鉴不得由一人保管,财务专用章由财务经理保管,法人印章由出纳保管。严禁携带印章到公司范围之外,严禁将自己保管的印章转交他人代管。印章管理人员休息、公出,应办理印章临时移交工作。印章的使用必须按审批权限办理批准,一般情况下,不允许在空白凭证上盖章,但确有特殊情况的,应书面说明其用途,由主管财务的副总经理批准并在凭证上注明具体日期。

5.购入的空白支票等银行票据由出纳负责保管,并需建立支票登记簿,详细记录支票的购、支情况。

6.不得签发空头支票和远期支票,以及日期、收款人或金额空白的支票。

7.实行日报表制度,每日按银行账户名称、开户行、前日结余、本日收入、本日支出、本日结余为项目编报"资金日报表",于当日终了前送交主管财务的副总经理。

8.出纳员应及时取回各类银行原始单据,交由会计人员进行账务处理,不得随意克扣、隐瞒回单,对于遗失的回单,应该及时补回。

9.出纳员应及时取得各账户银行对账单,并与银行日记账进行核对,编制"银行存款余额调节表",保证账实相符,对未达账项应注意跟踪处理。

10.任何账户有异动,必须在第一时间及时上报主管财务的副总经理。

(三)商业汇票管理规定

1.原则上不接受客户的商业承兑汇票,特殊情况下必须经主管销售的副总经理及总经理审批同意。

2.必须与对方有真实的贸易关系,收取的银行承兑汇票必须内容齐全,票面整洁,票据记载事项不得涂改,印鉴应清晰。经背书转让的票据背书必须连续。

3.对于收到的银行承兑汇票,应视需要与否,决定是否办理贴现。需要办理贴现的,应报经主管财务的副总经理批准,在贴现前必须经过与两家以上银行的贴现率进行对比,选择其中较低的贴现率作为贴现业务的办理银行,并做好相应的询价记录备查。

4.收取、出具的银行承兑汇票应设置备查簿详细记录其出票人、日期、到期日、票面值等各项情况进行详细记录,并设置票据夹按,票据到期日先后顺序整理,指定专人负责保管。

(四)其他货币资金管理

1.外埠存款:除因异地办公需要,一律不得开设外埠存款。如果因办公需要开设外埠存款,应报主管财务副总经理审批。

2.银行汇票存款、银行本票存款:严格按银行规定并根据公司需要办理并妥善保管使用。

3.在途货币资金:各公司应尽量避免跨月结算而形成的在途资金,确已形成的,月末应定期对账,并在资金日报表中反映。

4.密切跟踪在途资金到账情况,资金汇出后超过3天未达时,应向银行查询,超期严重时,应诉诸上级银行。

5.对视同其他货币资金管理的有价证券,应设立备查簿对其发行(出票)日期、到期日、发行(承兑)人,以及号码、面值、利率、贴现、转让和兑付等情况予以登记。

三、深圳市泰安科技有限公司资金支付和费用报销审批暂行规定

为了明确资金支付、费用报销手续及其审批权限,以降低公司成本费用,提升公司竞

争力,特制定本暂行规定。

第一条　资金支付规定

(一)现金支付的手续及审批权限

领用现金仅限于差旅费及个别零星采购,其余款项支付均不得领用现金。

1.公司职工可根据工作需要申领一定额度的备用金,作为周转使用,主要用于本人因工作而经常支付的费用,报销时按实补差。

可申领备用金的人数、额度应有限制,具体由各部门与财务部共同商量核定。非经核定人员不得申领备用金。

2.出差等专项借款及申领备用金限额一次在1万元以内(含1万元)的由部门经理、财务部经理共同审批,超过1万元的需报主管副总经理及分管财务的副总经理批准。备用金申领上限为2万元(含2万元)。超过2万元上限的需总经理或授权人批准。

3.借款人必须遵守以下规定:

(1)借款人必须按"借款事由"支用借款,并取得合法凭证,经规定的审批权限批准后,在以下规定时间内到财务部报账:

①因公出差、参加专业会议借款的,应在返回公司、会议结束后五个工作日内报账;

②因零星采购和其他专项借款的应在事毕后三个工作日内报账。

(2)借款人如不能在规定期限内报销,应主动向财务部说明原因,财务部根据具体情况可适当给予延期。逾期不报而又不申请延期或无正当理由不报销的,财务部有权从其本人工资、奖金内按借款额扣款,直至扣清或报账还清为止,且前款不清,后款不借。

(3)借款人所借款项,如因情况变化不需用时,应主动将借款退还财务部。如不退还,经发现后,财务部有权在其本人工资、奖金内扣还,直至扣清或还清为止。情况严重者,报请总经理室处理。

(二)银行存款支付的手续及审批权限

1.凡因工作需要向财务部申请支付银行存款的,必须填制"付款申请书"。"付款申请书"由经办人根据合同、协议等填写,"付款申请书"必须内容完整、字迹清楚。经办人将付款申请书送部门经理、主管副总经理审核批准后,按以下规定报批:

①合同金额1万元以下,财务部经理审批后付款;

②合同金额1万元以上,需经分管财务的副总经理会签审批后财务部方能据以支付款项;

③合同金额20万元以上,需经总经理或授权人会签审批后财务部方能据以支付款项。

2.公司各银行账户间资金调拨需填写内部资金调拨单,经财务经理审批,其中金额超过10万元的,需经主管财务副总经理审批。

3.原则上不允许用没有业务合同的对外资金支付。纯粹的资金往来及资金借贷支付必须经总经理批准方可支付。

第二条　报销程序

(一)审批权限

1.下列报销项目由相应的部门负责人、主管副总经理与财务部经理会签审批:
(1)有经济合同或协议的,金额在 5 万元以下(含 5 万元)的支出;
(2)一般工作人员报销差旅费及一般按公司规定享受的福利;
(3)单笔金额 1 万元以内(含 1 万元)的零星采购物品、修理费、办公用品等(应附清单);
(4)1 万元以内(含 1 万元)的其他常规性业务支出。

2.下列报销项目还需经分管财务副总经理审批:
(1)业务招待费;
(2)出租车票;
(3)部门负责人员的差旅费,总经理的各项支出;
(4)工资、奖金;
(5)广告费;
(6)有经济合同或协议的,金额在 5 万元上的支出;
(7)单笔金额 1 万元以上的零星采购物品、修理费、办公用品等(应附清单);
(8)1 万元以上的其他常规性业务支出。

3.下列报销项目除需经分管财务副总经理审批外,尚需总经理(或授权人)审批:
(1)有经济合同或协议的,金额在 20 万元以上的支出;
(2)单笔金额 5 万元以上的零星采购物品、修理费、办公用品等(应附清单);
(3)5 万元以上的其他常规性业务支出;
(4)捐赠支出;
(5)总经理助理及副总经理以上级别人员的各项支出;
(6)意外事故及管理不善造成的损失;
(7)以前年度遗留问题;
(8)财务负责人认为需要总经理(或授权人)审批的支出;
(9)其他异常性支出。

(二)报销流程

1.报销人应保证各项报销内容真实、单据合法、数据正确、手续完整。所有费用报销须经具有相应审批权限的人签名确认方能报销。

2.报销人应在项目完结后,及时认真按规定贴好原始单据,填制报销单。在报销中:
(1)凡是费用项目中有合同(协议)的,应提供合同(或协议书)及相关资料(包括但不限于广告监播记录、刊登记录、运费结算清单等);
(2)费用支付人与费用报销人名称应一致,如不一致,应加以详细说明;
(3)原已借用备用金的报销人应注明原借款金额以备冲账。

3.报销人应填制完整的报销单,报经相关领导审批后,交财务部费用报销会计处审核。审核内容有:内容的真实性、单据的合法性、数据的正确性、手续的完整性、费用的合理及合规性。经审核不能通过的不予报销。

4.对审批通过的报销单,会计应立即填制记账凭证。

5.以下费用先履行下列程序后再送财务部审核:

(1)研发、测试等发生的通信费用需经计划部经理签字同意;

(2)公司车辆使用中的有关费用,包括:车辆保险费、车辆维修费、停车费、汽油费、过桥过路费等必须经行政管理部经理签字同意;

(3)公司员工工资、保险费、员工福利、特种津贴、培训费、员工离职工资、大学生毕业分配差旅费及其他各项薪酬费用必须经行政管理部(人事部门)经理签字同意。

第三条 差旅费报销标准

1.职工因公出差,应填写"出差任务书",由部门经理、总经理或主管副总经理批准,然后向财务部办理借款手续。无"出差任务书",财务部不予借款。

2.职工因公出差的住宿费在相应标准限额内按实报销,市内交通费、伙食费实行分项计算、总额包干、超支不补的办法。

3.职工因公出差乘坐飞机、车船和住宿标准如下。(元/天)

表 5-1 差旅费报销标准

职级\标准	火车	轮船	飞机	住宿标准	
				省会城市、直辖市、特区	其他城市
正副总经理/总经理助理/总监/总工	软卧	二等舱	普通舱	实报实销	
部门经理	硬卧	三等舱	普通舱	800	600
助理经理/主管/专员/工程师	硬卧	三等舱	普通舱	600	400
其余人员	硬卧	三等舱	普通舱	400	300

(1)一般职工出差不能乘坐飞机,营销、维修人员因工作急需乘坐飞机,必须在"出差任务书"上注明理由,经部门经理同意,报主管副总经理批准后方可按以上标准乘坐,否则,其交通费按火车标准硬卧铺票价报销,超支费用自理。

(2)凡符合乘坐卧铺条件而买硬座票的,可按硬座票价与卧铺票价差额的70%补助。

(3)住宿费必须凭填写完整的住宿发票报销,住宿费低于下限标准的可按其节约部分以70%奖励个人;若无住宿发票或发票不填写住宿日期、人数、天数的,公司只按住宿下限标准的50%补助;实际住宿费超过上限标准的部分由个人自理。

(4)下列出差交通费、伙食补助不实行包干,按相应职级在住宿标准内按实报销:

①出差期间对方单位免费接待的;

②到外地参加会议和各种训练班的;

③经总经理或授权人批准不宜实行包干的。

4.出差人员交通费、伙食补助标准如下:(元/天)

表 5-2 出差人员交通费、伙食补助标准

标准 职级	交通费		伙食费	
	省会城市、直辖市、特区	其他城市	省会城市、直辖市、特区	其他城市
正副总经理/总经理助理/总监/总工	实报实销			
其余人员	50		80	50

(1)工作人员在当地出差期间,经批准已报销招待费用的,当日不再给予伙食补助。

(2)派驻外地培训学习或派驻办事处连续 30 天以上的,第 31~60 天伙食补助费按本条(1)款的 50%发给,从第 61 天起不再补助伙食费;出差期间对方单位接待吃住的不补助伙食费。

(3)工作人员外出参加会议,已享受会议伙食补助的,会议期间不享受伙食补助费。

(4)市内交通费实行包干后,职工出差不再报销市内交通费,因工作需要乘坐出租车的,需报总经理或主管副总经理批准同意后方可报销,但应扣除当日市内交通补助。自备车辆出差的,不实行市内交通费包干,也不报市内交通费。

5.工作人员出差期间,因游览或非工作需要的参观而开支的一切费用均由个人自理。

6.出差期间的各项杂费,原则上不予报销。

7.关于学生毕业分配差旅费的报销规定:学生毕业分配到我公司,可以报销其从学校到公司的直线单程车船费和中转当天的住宿费及行李托运费,其他费用自理。

8.关于职工到深圳出差的报销规定:职工因公出差深圳市区内,中午不能回公司就餐的,按每人每天补助 10 元的误餐补助,市内交通费据实报销。在市内一般不得乘坐出租车辆,确因工作需要乘坐出租车,必须申明理由,报主管财务副总经理批准后方可报销。

9.关于职工因公临时出国费报销的规定

(1)职工因公临时出国要选择经济合理的路线,尽可能购买往返机票和乘坐中国民航机,不得随意更改路线,增加停留点或绕道旅行,其费用按实报销,赴港澳人员预定目的地所需的往返交通费,按实际票价核拨。目的地市内交通费,在公杂费中支付。

(2)因公临时出境人员的住宿费、伙食费、公杂费报销标准如下:

表 5-3 因公临时出境人员的住宿费、伙食费、公杂费报销标准

国家和地区	币别	伙食费(天)	住宿费(天)	公杂费(天)
香港	港币	140	600	40
美国	美元	24	150	10
英国	英镑	16	60	8
法国	法国法郎	160	400	80
日本	日元	4 200	8 000	2 000
俄罗斯	美元	8	150	5
德国	马克	48	200	20

①赴港人员的伙食费和公杂费实行包干使用。出国人员的住宿费在限额标准内按实报销。包干天数按离、抵我国国境之日计算。

②公杂费的范围一般包括市内交通费、邮电费、娱乐费、洗衣费、理发费等费用。

③临时出国人员在国外,如对方要宴请、招待用餐的,应从伙食包干标准中扣除。早餐按一天标准的20%,午餐和晚餐各按一天标准的40%扣减。

(3)个人国外零用费按离、抵我国国境之日计算,每人每次出国天数在15天以内的,发给30美元,超过15天的,从第16天起,按天计算每人每天发2美元。

第四条 业务招待费报销的规定

各部门因工作需要招待有关人员,应以节约为原则,不应铺张浪费。其业务招待单据只能由各部门经理统一填报,逐项说明理由,经主管财务副总经理批准后报销并做部门开支核算,其他人员一律不得填报。

第五条 办公用品、报刊、书籍报销的规定

1.公司办公用品由行政管理部统一购买,各部门根据需要由部门经理签字,行政管理部经理审批后到库房领取,其他各部门不得直接购买办公用品。

2.公司各部门需订阅的报刊、书籍由行政管理部汇总,报总经理批准后,统一订阅,生产、开发部门因工作所需而购买的技术资料应先经行政管理部经理批准后,再履行相关的审批手续方可报销。

第六条 通信费用报销的规定

1.通信费用人员名单的确定方法

(1)公司正式员工因工作需要申请通信费,需提供前三个月的话费单交部门经理;

(2)部门经理初审后将确定的名单和通信费用标准报人力资源部;

(3)财务部、计划部、行政管理部负责核实后报公司领导审批;

(4)财务部备案。

2.通信津贴的标准

(1)副总经理以上的管理人员的每月通信费实报实销。

(2)部门经理级别管理人员的通信费限额:600元/月。

(3)其他员工根据其工作需要,每月通信费限额分别为:100元、200元、300元。

(4)特殊岗位员工的通信费用若超出以上标准,可提交前三个月的通信费用明细,由部门经理提交,财务部、计划部、总经办负责核实后报公司领导审批。

3.报销方法

(1)一般员工根据移动通信费发票填制费用报销单,经部门经理按通信费标准审核签字,在各级通信费限额内按实报销。

(2)部门经理以上员工报销由直属领导审批签字,在各级通信费限额内按实报销。

(3)部门经理以上员工的通信费连续三个月超过以上各标准,由直属领导审批签字,实报实销。

第七条 市内交通费报销的规定

1.市内外出公务根据业务情况安排公务车,原则上不得报销的士费。

2.在工作时间如遇公务车安排紧张,在必须乘坐或租用外单位车辆的情况下,写明过程、原因后经主管财务副总经理审批后方可报销的士费。

3.市内外出公务乘坐公共交通工具的,根据车票实报实销。

4.市内交通费用报销需填写明细表,列明公务起止地点、时间、事由、证明人,对于不填写明细表的市内交通费用不予报销。

第八条 有关报账的其他规定

职工报账时,应取得合法的原始凭证,如有特殊情况需报请总经理或授权人批准后方可报销。

第九条 本规定经总经理审阅批准,自发布之日起施行,以往有关规定如有与本规定相悖之处,以本规定为准。

本规定的解释权归公司财务部。

四、深圳市泰安科技有限公司信用管理制度

为了加强公司市场业务的拓展,防范和化解直供赊销业务带来的经营风险和财务风险,加强对客户信用的控制和监督管理,特制定本管理制度。

本规定适用于所有需向我公司申请信用额度的客户。

(一)公司应成立信用管理小组,负责对客户的信用评审工作

1.信用管理小组构成

总经理、主管销售副总经理、主管财务副总经理、销售部经理、财务部经理。

2.信用管理小组职责

(1)据公司经营策略,制定、完善公司信用管理制度;

(2)根据客户经营状况和公司财务状况,每季度确定、调整一次客户的信用总额度和最长信用账期;

(3)审批各客户的临时信用额度申请;

(4)有权决定对异动信用客户的处理及信用额度的调整;

(5)负责客户信用实施过程的监控和管理;

(6)指导清理、催讨欠款;

(7)负责对相关人员信用管理工作的考核。

(二)信用客户必备条件的规定

1.授予客户信用额度的基本原则

(1)与公司合作期满三个月以上的客户;

(2)为公司的主要长期稳定客户,月销售收入达到规定标准以上;

(3)客户在与公司合作期间,无账款逾期记录;

(4)客户的注册资本金必须在100万元人民币以上;

(5)客户在同行业信誉度良好。

2.申请信用额度客户必须提供的基本资料

(1)营业执照正本复印件；
(2)税务登记证复印件；
(3)法人代表证明书(原件)；
(4)法人代表身份证/护照复印件；
(5)企业联系人及联系方式；
(6)基本账户开户证明及主要开户银行；
(7)财务负责人及联系方式。
以上资料必须全部加盖公司公章。

(三)信用额度的申请审批程序

1.资信调查。当客户由向公司申请信用额度和账期的意愿时，由主管客户经理负责向公司信用管理工作小组报告，并提交客户经理负责调查的客户"信用额度申请表"，并交市场副总经理签批。申请表5-4所示。

表5-4 信用额度申请表

客户基本资料				
客户名称				
公司地址				
公司营业执照注册号		税务登记证		
开户行		银行账号		
注册资金		法人代表名称		
公司电话		传真号码		
E-MAIL		公司邮编		
公司负责人及联络人				
总经理姓名		移动电话		
财务负责人姓名		联系电话		
递交申请时间				
申请时间	年 月 日			
未来三个月销售计划	产品名称	第一个月	第二个月	第三个月
采用付款方式	电汇（ ） 支票（ ） 现金（ ） 其他_____			
信控标准	结算周期		赊账天数	赊账限额

续表

公司审批意见		
客户经理：	市场部经理：	财务部经理：
主管市场副总经理：		
总经理意见：		

2.信用管理小组在收到市场副总经理签批的"信用额度申请表"后,在三个工作日内,授权财务部对该客户的"信用额度申请表"相关情况进行审核,必要时财务部可委派专人对该客户信用状况调查资料进行实地考察,同时在"信用额度申请表"财务部经理栏签批意见。

3.信用管理工作小组召开专门会议确定是否授予客户信用额度及具体额度和账期,经总经理批准签名后,下发给市场部、财务部执行。

4.信用小组成员中,财务经理、总经理任何一人缺席,表决结果无效。

(四)信用额度管理

1.所有信用客户的信用额度的管理由财务部管理。

2.财务部月末(25日)与每个信用客户进行对账,不论余额是否为零,都必须向信用客户发出"对账单",由客户加盖财务专用章和签字确认后返还财务部,财务部负责归档保管。

3.财务部及时跟踪每一个信用的额度使用情况,对于有异常情况的信用客户应及时报告信用管理小组,由信用管理小组制定积极有效的措施,防止财务风险的发生。

(五)信用额度客户发货规定

1.财务负责人享有发货的一票否决权:即对不符合本管理制度发货条件的发货,财务负责人可以最后行使否决权。

2.以下任一情况出现,即对信用客户停止发货:

(1)本次发货金额加上以前信用发货金额之和大于客户的信用额度;

(2)虽然本次发货金额加上以前信用发货金额之和小于客户的信用额度,但客户有逾期货款未付清的。

五、深圳市泰安科技有限公司产品销售价格定价制度

第一条 成立公司产品销售定价小组,定价小组由总经理任组长,由主管销售副总经理任副组长,销售部、计划部、物资采购部、制造部、财务部经理为组员,负责公司产品销售价格定价。

第二条 公司定价小组每月28日召开定价会议(必要时可临时召开定价会议),检查当月价格执行情况,研究制订下月产品销售价格。会议由副组长主持。

财务部负责向会议通报上次定价价格执行情况和原料采购价格情况;销售部向会议介绍当月市场供需情况和用户反馈、竞争对手情况,以及市场营销价格走势。

第三条 财务部每月26日前将公司下月使用的原料预计到厂价格和数量报销售部,销售部根据到厂原料价格和上月各产品加工费,结合公司年度目标(产品销售利润率)提出公司下月各产品销价建议草案。

第四条 公司定价小组根据销售部建议草案和市场情况决定公司各产品销售单价。

第五条 产品销售定价会议属于公司商业秘密,与会人员必须保守公司秘密,不得泄露会议内容。

第六条 销售部在公司定价基础上上浮10%统一对外报价(网上报价)。

第七条 销售部人员在销售时有权执行公司最低价,销售价格低于最低价2个点需经销售部经理审批,销售价格低于最低价5个点需报请公司主管销售副总经理审批,销售价格低于最低价10个点需报请总经理审批。

第八条 本制度从下达之日起执行。

六、深圳市泰安科技有限公司发票管理制度

为了严格执行《中华人民共和国发票管理办法》,加强发票的管理,规范发票的领购、开具、作废、保管,按月向税务部门报告增值税专用发票购、用、存情况,制订本办法。

(一)发票的种类

公司使用的发票为增值税专用发票和普通发票及其他发票。

(二)发票的领购

公司财务部指定税务会计负责公司发票的领购、保管等发票管理工作,发票领购由发票专管人员携带税务登记证副本、发票领购簿、办税员证和发票专管人员身份证等,凭发票领购簿核准的发票种类、数量和购票方式,向主管税务部门领购发票。

(三)发票的开具

1.项目填写齐全正确,字迹清楚、不可涂改。票物相符,票面金额与实际收取的金额相符。全部联次一次填开,上、下联的内容和金额一致。

2.发票联和抵扣联加盖发票专用章。

3.如填写有误、作废处理时,必须保证各联完整并在发票上注明"误填作废"四字。如专用发票开具后因购货方不索取而成为废票的,也应按填写有误办理作废或冲销处理。

4.对装订成册的发票不可拆本使用,不得转借、转让、代开发票。

5.开具发票时必须按发票号码顺序使用,不得跳号开具。

6.对需要开具增值税专用发票的客户,必须提供以下资料并归档保存:单位全称、纳税人识别号、开票地址、电话、开户银行、账号、邮寄地址、联系电话、联系人、邮编、营业执照副本复印件、国税税务登记证副本复印件、一般纳税人资格证复印件。凡不能提供以上资料的客户,一律开具普通销售发票。

(四)开具专用发票后发生退货或销售折让的处理

1.购买方未付货款并未做账务处理时:要求购买方退还发票联和抵扣联,并在该发票各联上注明"作废"字样,作为扣减当期销项税额的凭证。属于销售折让的,销售方应按折让后的货款重新开具专用发票。

2.购买方已付款,或者货款未付但已做账务处理时:由购买方取得当地主管税务部门开具的进货退出或索取折让证明单,送交我方后,据以按退回货物的数量、价款或折让金额向购买方开具红字专用发票。红字专用发票的记账联作为我方扣减当期销项税额的凭证;其发票联、抵扣联作为购买方扣减进项税额的凭证。

(五)发票的管理

1.发票由税务会计负责保管,并设置专门存放发票的专柜。

2.专用发票的抵扣联按税务机关的要求按月装订成册。

3.按月出具"发票使用情况明细表",如实填列各类发票的购、用(包括作废)、存情况。

4.未经主管税务部门批准,不可跨规定的使用区域携带、邮寄、运输空白发票。

5.已开具的发票存根联和发票登记簿应当保存五年,保存期满,报经税务部门查验后方能销毁。

七、深圳市泰安科技有限公司采购管理程序

(一)目的

对采购过程进行控制,保证所采购的产品符合规定的要求。

(二)范围

本程序适用于公司生产物料、工具、模具、生产或测试设备的采购。

(三)权责

1.计划部:编制"原材料请购计划表"及"固定资产(设备)请购单"。

2.物资部:负责国内外物料的采购。
(1)物资部经理
①对部门员工进行采购知识与业务技能等相关培训。
②对工作进行分工及按计划安排采购。
③签署《采购合同》。
④与供应商进行联络和沟通,负责采购风险分析和管理。
(2)物资部采购员
①按计划进行物料采购。
②跟催交期。
③与供应商进行联络和沟通。
④负责仪器设备的谈价、定购。
(3)财务部经理
批准"材料请购计划表"、"固定资产(设备)请购单"及1万元以下的零星采购"请购单"。
(4)计划部主管副总经理
批准"材料请购计划表"、"固定资产(设备)请购单"及1万元以上的零星采购"请购单"。
(5)总经理
①批准"材料请购计划表"、"固定资产(设备)请购单"及5万元以上的零星采购"请购单"。
②采购金额在20万元以上的《采购合同》的批准。
(6)总工程师
负责批准《采购合同》附件,即技术规格或技术协议书。
(7)质控部及工厂品质管理部
负责进料检验及检验结果的判定。
(8)相关部门
负责工具、仪器、设备采购申请的提出。

(四)定义

无

(五)作业内容

1.采购申请审批程序
(1)各部门根据生产或办公需要填写"原材料请购计划表"(PR)、"请购单"或"固定资产(设备)请购单",在申请部门经理签字批准后,递交物资部审批。
(2)物资部在"请购单"、"固定资产(设备)请购单"以及"原材料请购计划表"上注明参考供应商及时间后,送计划部、财务部及总经理审批。
(3)计划部及财务部根据生产计划及资金计划情况给予审核,审批后再由物资部执行采购。

2.采购招投标和采购合同

(1)一次采购金额超过¥1万元的材料,必须签订《采购合同》。

(2)生产原材料采购采用招标投标方式,在经过公司考察评估合格的候选供应商范围内,由国产化领导小组(采购管理委员会)办公室全面负责公司原材料采购的招标准备和组织工作,审查投标方的投标文件,负责开标工作。

(3)"采购合同会审单"由物资部经理签字,计划部经理确认,财务部经理批准。对于一次采购金额在¥20万元以上的采购合同,其"采购合同会审单"需由总经理批准。

(4)每份生产物料、外协配套合同,必须附加一份详细的技术规格或技术协议书,以确保我公司获得合格的产品,按该附件由产品研发部、工艺工程部及质控部来完成,总工程师批准。

(5)《采购合同》由相关部门会签,物资部经理签署后,再由物资部根据《采购合同》生成"采购订单"。

3.采购订单(P.O.)

(1)原材料的批量采购及¥2 000元以上的设备采购必须发出《采购订单》(P.O.)。

(2)采购员根据"固定资产(设备)请购单"及"请购单"发出P.O.,他(或她)必须保证供应商可以按P.O.上注明的质量、规格及交货期的要求准时交货,在P.O.发出前采购人员必须做以下工作:

①保证"原材料请购计划表"、"固定资产(设备)请购单"及"请购单"上的要求合理,准确以及有足够的审批手续。

②向已经认定合格的供应商进行购买,详见《合格供应商名册》。

③进行不同供应商的价格比较。

④保证有足够的技术资料等采购支援文件支持操作。

⑤若为生产性原材料,应保证已按《零组件承认与管理程序》获得承认。未经承认的生产性原材料,不可发出P.O.。

(3)"采购订单"需经物资部经理批准方能操作,审批时须附上批准的"原材料请购计划表"、"固定资产(设备)请购单"及"请购单"。

若发出去的订单有错误或不详之处,应及时修改,并马上追回已发出的订单,重新发出修改过后的订单。

4.采购订单跟催

(1)交货期跟催:采购员必须掌握物料的生产状况,仪器的购买状况,并用电话联系、实地监察等手段保证所订物品准时到达。

(2)货物接收:由采购员办理货物接受手续。

(3)货物的多送或少送:采购员根据P.O.订货数量及后续P.O.情况或根据上级领导的决定处理(接收、退货或补送)。

(4)退货:由质量问题或其他原因引起的退货,采购员根据《进料送检单/检验报告》或"物料重审单"安排退货或更换。

(5)当"采购订单"发生变更时,采购员应以书面方式及时通知供应商处理。

5.物品的验收

(1)若是物料采购,由质控部 IQC 检验合格后,仓库办理入库手续。

(2)若是生产设备、仪器及工具、模具采购,由工艺工程部验收。

(3)若是检测或试验设备、仪器、工具采购,由工艺工程部验收。

(4)若是研发设备、仪器采购,由产品研发部验收。

(5)以上若验收不合格,则要求退货或按物料重审方式处理。

6.申请付款及报销程序

(1)采购员提出付款申请,必须按付款金额交由相关领导审批。

(2)采购员申请付款时须附上"固定资产(设备)请购单"或"请购单",由物资部经理审核、财务部经理批准。一次付款金额在￥20万元以上,需要总经理批准。

(3)采购员报销时须提供"入库单"、"采购合同"、发票或增值税发票。

(4)价值超过￥1万元的增值税票必须提供购销合同以便退税。

表 5-5 原材料请购计划表

编号:　　　　　　　　　　　　　　　日期:　　　年　　月　　日

序号	物料编号	品名	规格型号	数量	用途	到料时间	参考供应商	到料地点	备注

批准:　　　　　　　　　　审核:　　　　　　　　　　制表:

表单编号/版本:QP-020-01/C

表 5-6　请购单

PR 单编号：_____　　　　　　　　　　　　　　　　请购单编号：_____
申请部门：_____　　　　　　　　　　　　　　　　日期：　　年　　月　　日

序号	物料编码	品名	型号规格	数量	单价	用款金额	用款时间	要求到货时间	备注

总经理：　　　　　财务部：　　　　　计划部：　　　　　物资部：　　　　　申请部门：

注：若为计划内用款，则由财务部批准后由物资部操作，否则，由总经理批准后再由物资部操作。

表单编号/版本：QP-020-02/C

表 5-7　固定资产(设备)请购单

申请部门：_____　　编号：_____　　　　日期：　　年　　月　　日

No.	名称	数量	价格
1			
规格型号性能参数及配置			
申请原因及用途			
2			
规格型号性能参数及配置			
申请原因及用途			
申请部门经理		申请人	
总经理：	财务部：	计划部：	物资部：

表单编号/版本：QP-020-03/C

表 5-8 采购订单

供应商名称：_____　　订单编号：_____
地　　　址：_____　　请购单号：_____
电　　　话：_____ FAX：_____　　联 系 人：_____
交货地点：_____　　付款方式：_____

序号	物料名称规格	数量	单价(¥)	总价(¥)	交货时间

总金额:(大写):　　　　　　　　　　(小写)

备注：

采购员：_____　　部门经理：_____
日　期：_____　　日　　期：_____

表单编号/版本：QP-020-04/C

表 5-9　采购合同会审单

合同承办部门：_____　　部门合同编号：_____　　合同总号：_____

合同执行时间		合同总金额		责任人	
合同要点及风险：					

供应商资料

公司名称	公司地址	联系人	联系电话	报价
1.				
2.				
3.				
4.				
5.				

选择____号供应商的理由： 　　　　　　年　月　日	相关部门意见： 　　　　　　年　月　日 注：如属原材料采购合同，需产品研发部签字认可； 　　如属维修材料采购合同，需售后服务部签字认可； 　　如属生产设备采购和外协加工合同，需工艺工程部签字认可； 　　如属量规仪器采购合同，需工艺工程部签字认可。
部门经理审核 　　　　年　月　日	计划部审核 　　　　年　月　日
财务部审核 　　　　年　月　日	主管领导批准 　　　　年　月　日

表单编号/版本：QP-020-05/C

八、深圳市泰安科技有限公司会计档案管理制度

为保证会计档案的安全完整,特制订本制度。

(一)会计档案范围

按国家《会计档案管理办法》规定的范围执行。

(二)会计档案整理

公司形成的会计档案,由会计部门按照档案管理的要求,整理、装订成册并由装订人员登记保管清册。

1.会计凭证每月进行整理装订,封面所列项目要填写齐全。

2.年终打印输出全年各类账簿,整理装订成册,编写页码,填写目录,封皮所列项目要注明单位名称、年度、账目名称、单位负责人、会计负责人、装订人等。

3.会计报表年终按月排序装订成册,封面所列项目要填写齐全。

4.其他会计核算资料应分类整理,加封面装订成册。

5.按年度编制会计档案清单。内容包括:会计档案名称、数量、号码和会计档案移交人、保管人。

(三)会计档案保管

1.实行专人管理。会计凭证、会计账簿、会计报表由会计部指定专人负责保管,电子账套备份由财务部经理负责保管。

2.财务档案开放部分为上年和本年,超过两年的财务档案全部封存。

3.电脑财务账套开放部分为上年和本年,超过两年的财务账套加密封存。密码由财务部经理保存。

4.会计档案专管人员必须严格执行保密制度,保证会计档案的安全,严防毁损、散失和泄密。

5.更换会计档案专管人员时应按规定办理会计档案管理工作交接手续。

6.严禁将会计档案带出公司,对于须将会计档案带出公司查阅的,必须经主管财务的副总经理批准。

(四)会计档案查阅

1.严格会计信息、会计档案的保密制度,除经主管财务的副总经理批准外,任何部门和个人不得向其他单位或个人提供公司财务会计信息,或借阅会计档案。有违反者按公司保密制度管理办法处理,严重者追究法律责任。

2.除国家规定的外,会计档案不对外借阅,如遇特殊情况,外部单位需查阅会计档案,或需要复制、翻录、抄录等,必须经主管财务副总经理批准,并做好详细的登记。

3.两年以上的财务档案查阅须经主管财务的副总批准,并做好详细的登记。

4.会计档案在查阅过程中,不许在会计档案上做任何记录、勾、划和涂改,拆散原卷册,更不能抽撤单据。

(五)会计档案销毁

1.会计档案按国家《会计档案管理办法》规定的保管期限进行保存,任何人不得随意销毁。

2.会计档案保管期满,需销毁时,由财务部经理提出销毁意见,会同总经办共同鉴定,编造会计档案销毁清册,由公司总经理批准后销毁。

3.对于未了结债权债务的会计档案,应另行立卷建档,由会计档案保管人员保管到结清为止。

九、深圳市泰安科技有限公司会计制度

第一章 总则

为了规范公司会计核算,根据《企业会计准则》及国家相关制度,制定本办法。

1.本办法适用于总公司及下属各二级公司。

2.记账方法:借贷记账法。

3.记账本位币:人民币。

4.会计期间:以公历年度作为会计年度,即每年1月1日至12月31日为一个会计核算年度,年度内按月份结账编制会计报表,月结账日为每月月末最后一天。

5.以权责发生制为核算基础。

6.公司经营中应计缴以下税费:

(1)公司为增值税一般纳税人,增值税率17%;

(2)公司提供信息技术服务增值税率为6%、不动产租赁增值税率为11%;

(3)公司适用的城建税率为1%,教育费附加征收率为3%;公司各流转税按月于每月10日前申报缴纳;

(4)公司房产按房产原值70%及1.2%的适用税率计征,按年计征,分季缴纳,于每季末月的21日前缴纳;

(5)公司车船使用税按规定缴纳;

(6)公司按规定代扣代缴个人所得税,于每月15日前申报缴纳;

(7)公司资金账本年度内有增资的按增资数缴纳印花税,其他账本按每本5元缴纳印花税,每年报一次,不得跨年度,不考虑合同的印花税。

(8)公司企业所得税率为25%,按季预缴,按年汇算清缴。

7.存货采用实际成本法核算,发出存货采用全月加权平均法计价,计算加权成本保留四位小数。周转材料采用一次摊销法进行会计处理,同时设备查账登记。为了便于电算化处理,公司购入的原材料、周转材料设置"材料采购"科目归集采购成本,原材料、周转材料的出、入库的总分类核算,于月末根据出、入库单据汇总进行。

8.固定资产折旧,运输工具及大型专用设备按工作量法计提折旧,专用精密电子设备

采用年数总和法计提折旧,其他采用平均年限法计提折旧。固定资产净残值率为原值的5%,具体折旧年限为:

  房屋及建筑物:20年;   机械设备:10年;

  电子设备:5年;   运输设备:5年;   其他设备:5年。

  9.坏账处理采用备抵法,按"应收账款"期末余额的3‰提取,其他应收款项不计提坏账准备。其他资产暂不计提减值损失。

  10.公司按国家规定计缴各项工资附加费:

  (1)公司以员工上年平均工资为基数,按以下比例计算,并于每月20日前向深圳市社会保险基金管理局缴纳社会保险:

  职工基本养老保险为21%,其中企业承担13%,个人承担8%,对深圳户籍职工计提1%的补充养老保险,由企业负担;

  医疗保险按一类参保,计提比例为8%,其中单位承担6%,个人承担2%;

  失业保险以上年深圳市职工月平均工资为基数,计提比例为3%,其中企业承担2%,个人承担1%;

  工伤险按制造业参保,计提比例为0.8%,全部由企业承担;

  生育险为0.5%,全部由企业承担。

  (2)公司以员工上年平均工资为基数,按16%比例计算,并于每月20日前向深圳市住房公积金管理中心缴纳住房公积金,其中单位和个人各承担8%。

  (3)公司按每月工资总额的2%和1.5%计提工会经费和职工教育经费,工会经费按月划拨给工会专户,其中40%归属上级工会,60%归属本公司工会。公司以职工工资总额为基数,按0.4%比例计算(取整)代扣职工个人应缴纳的工会会费,每半年划拨给本单位工会专户。

  (4)公司职工福利费不计提,按实际发生金额列支。

  (5)公司工资发放日为下月的10至12日。

  11.公司的长期投资划分为持有至到期投资和长期股权投资,其中长期股权投资应当根据不同情况,分别采用成本法或权益法核算,持有至到期投资每半年计提一次应计利息。

  12.公司的各项借款按月计提利息。

  13.公司产品均根据生产计划成批投入生产,按以下方法进行成本核算:

  (1)制造部直接生产工人分为两类,一类为"模块生产",只从事公司"KF534T模块"产品生产;另一类为"充电器生产",从事公司各类充电器产品生产,其工资费用除"KF534T模块"外,其他产品按生产工时比例分摊。

  (2)公司承担的水费、电费按固定标准分配:

  ①水费分配标准:制造部:30%,行政管理部门:70%。

  ②电费分配标准:制造部:80%,行政管理部门:20%。

  (3)制造费用按产品实际生产工时比例分配。

  (4)月末再产品按实际投入计算材料成本,按生产工时比例分摊直接人工和制造费用。

  14.其他未列明的会计事项,按现行《企业会计准则》执行。

(以下内容略)